AF523939

Hrsg.: Akademie för uns kölsche Sproch/SK Stiftung Kultur
Alice Herrwegen

Wie säht mer noch ens?

Hrsg.: Akademie för uns kölsche Sproch/
SK Stiftung Kultur

Alice Herrwegen

Wie säht mer noch ens?

Kölsche Usdröck – gesok un gefunge

marzellen
verlag köln

Bibliografische Information der Deutschen Nationalbibliothek
Die Deutsche Nationalbibliothek verzeichnet diese Publikation
in der Deutschen Nationalbibliografie;
detaillierte bibliografische Daten sind im Internet
über http://dnb.ddb.de abrufbar.

Umschlaggestaltung: Mira Lob, Köln
Karikaturen: Sabine Voigt, Köln
Satz/Layout: Marzellen Verlag GmbH, Heike Reinarz, Köln
Lektorat: Detlef Reich, Köln
Druck: Theiss Druck GmbH, Österreich

Printed in Austria.
ISBN 978-3-937795-50-8

www.marzellen-verlag.de

Foto: Susanne Fern, Köln

Alice Herrwegen – geboren 1956 in Köln – studierte Französisch und Philosophie. Sie arbeitet als Referentin für Sprache und Seminare bei der Akademie för uns kölsche Sproch und ist seit vielen Jahren freiberuflich als Kölsch-Kabarettistin tätig.

Sie veröffentlichte die Grammatik „De kölsche Sproch", Lehrbücher und CDs unter dem Titel „Mer liere Kölsch" sowie den kleinen Ratgeber „Kölsch för Imis" und kabarettistische Texte in dem Band „Am schönste es et, wann et schön es".

Darüber hinaus schrieb sie zwei Stücke für das Kölner Hänneschen-Theater: „Levve live"(1990) und „Schälock Holmes".

Vorwort

Sie lieben Kölsch und möchten eine Geschichte schreiben oder ein Lied oder einfach etwas erzählen? Ihnen liegt das kölsche Wort oder der kölsche Ausdruck auf der Zunge, aber Sie kommen nicht drauf? Dieser nach thematischen Gesichtspunkten geordnete Wortfindungsleitfaden soll Ihnen die Suche erleichtern.

Die einzelnen Wörter oder Ausdrücke werden zwar kategorisiert und übersetzt, jedoch muss der Nutzer natürlich in der Lage sein, zu entscheiden, ob und wie sie in den Kontext passen.

Da ein und derselbe Begriff manchmal unterschiedlichen Suchkriterien zugeordnet werden kann, kommt es vor, dass er unter Umständen mehrmals erscheint. Sucht man beispielsweise eine Bezeichnung aus dem Bereich Pflanzen wird dieselbe Bezeichnung möglicherweise im Bereich Gemüse oder Aussehen auftauchen (z. B. Bunnestang).

Anders als bei einem herkömmlichen Wörterbuch findet sich – neben der thematischen Aufteilung – zu einem Wort oft nicht nur die Wortart-Entsprechung. Ein deutsches Adjektiv z. B. wird nicht zwangsläufig mit dem entsprechenden kölschen Adjektiv übersetzt, sondern man findet alles, was damit zusammenhängt, ein Nomen etwa oder einen komplexen Ausdruck: verrückt (beklopp, bestuss etc., Dötschemann etc., et Schoss erus han etc.). Da die kölsche Sprache bekanntlich sehr plastisch ist, erscheinen solche bildreichen, oft scherzhaft gemeinten Ausdrücke also nicht nur separat aufgeführt, sondern auch zu dem jeweiligen Stichwort.

Nomen sind mit dem Zusatz m. für maskulin, f. für feminin oder n. für neutrum angegeben zur Kennzeichnung des grammatischen Geschlechts, z. B. Putschblos f. Damit man weiß, ob das Wort für Frauen oder Männer anwendbar ist, wird dies in Klammern angegeben, wenn man es nicht eindeutig zuordnen kann. Putschblos ist grammatisch gesehen weiblich, auch wenn der Bezeichnete männlich sein kann: „Dä Pitter, die Putschblos, well mir vürschrieve avzonemme." Es sieht dann so aus: Putschblos f. (f. m.). pl steht für Plural. Stimmt das grammatische Geschlecht mit dem natürlichen überein, wird auf die Angabe in Klammern verzichtet, z. B. Fäg f. Da das Wort Fäg sowohl grammatisch gesehen feminin ist als auch ausschließlich eine weibliche Person bezeichnet, reicht der Zusatz f.

Neben thematischen Kategorien finden sich am Ende auch grammatische Einteilungen.

Abgerundet wird die Auswahl durch plastische Ausdrücke, Redensarten sowie einige Textbausteine (Erzählelemente), die z. B. zum Schreiben einer Geschichte von Nutzen sein könnten.

Nun hoffe ich, dass dieses kleine Buch eine praktikable Hilfe und Anregung zum Schreiben in unserer schönen Mundart darstellt.

Alice Herrwegen
Köln, im August 2018

Inhalt

Thematisch

Grammatisch

FC

VOIGT

Von „A“
(wie Alkohol)
bis „B“
(wie Büro)

Büro → Bürro n.

A

Alkohol

Aufgesetzter	Opgesetzte m.
betrunken	besoffe, voll, vollgesoffe
einen über den Durst trinken	usrötsche
Fusel	Gabeko m. (ganz bellige Koon)
Gespritzter	Gespretzte m.
leicht betrunken sein	e Steinche em Schoh han
lieblich	söß
Mixgetränk Kölsch/Malzbier	Schoss n.
Rotwein	Rudwing m.
Saufbold	Kuletschhot m., Senk f. (m.), Suffkrad f. (m.), Suffpatron m., Suffüül f. (f. m.), versoffe Bölzche n. (f. m.), versoffe Loch n. (f. m.), voll Woch f. (f. m.), Vollüül f. (f. m.)
saufen	pötte, sich der Stross öle, suffe, tröte
saurer Wein	suuren Hungk m.
Schnaps	Schabau m.
sehr trocken	futzdrüg
Sekt	Sek m.
sich übergeben	göbbele, kötzele, kotze
torkeln	schöckele, waggele
trinken	drinke
trocken	drüg
wenig, aber stetig trinken	süffele
Wein	Wing m.
Weißwein	Wießwing m.
Zehnliterfass Kölsch	Pittermännche n.

Aussehen

alt	ald, Aal m. f., (aale) Bemm m., (aale) Biene Büggel m., (aale) Büggel m., (aal) Määl f., Möhn f., möhnig, (aal) Schabrack f., (aal) Schruuv f.
aufgedonnert	Bom-Holla f., eruskladunjelt, Karesellebrems f., Lackschöhche n. (m.) opkladunjelt, Schöngeföhnte m., schön Tant Nett f., schöne Gespretzte m., schöne Hubäät m.
Aussehen	Ussinn n.
behäbig	madamig, wie ene Sack Muschele
bucklig	Eckschääfche n. (m.), fussige Räuz f. (m.), Puckel m., puckelig, Puckellöstig m., Räuz f. (m.)
dick	Böll m., Bölles m., deck, Deck m., n.(f.), deck Gemangbrud n. (f.), Decksack m., Drammes m. (f. m.), Fettspektakel n. (f. m.), Fressalles m. (f. m.), Fressklötsch m., Klötsch m., Matschann n. (f.), mobbelige Pampes m., Pöll f., Putschblos f. (f. m.)
dünn	Bunnestang f. (f. m.), fettgemaht Stochieser n. (f. m.), Gelz f., Hungerhoke m. (f. m.), Knochegerämsch n. (f. m.), Rebbegespens n. (f. m.), Rebbegestell n. (f. m.), Röger m., schmal, Schmal m., Schmalbedaach m., schmale Herring, m. (f. m.), schmale Meddag m. (f. m.), Spinx f., tapezeete Latz f. (f. m.), verdrüg, verdrüg Hahnehätz n. (f. m.), Verdrügte m., Zemmergeiß f.
faltig	faldig, krünkelig, runzelig, verknuutsch
fehlsichtig	schääl, schääl Aug n. (f. m.), schääl Kiwitt f. (f. m.), schääl Panoptikum n. (f. m.), schääl Pannääpel f. (f. m.), schääle Alfter f. (f. m.), schääle Hungk m., Schäl m.
geziert	bretzelig, Bretzelsgeiß f., Krönzel f.
groß	Bunnestang f. (f. m.), groß, Kaventsmann m., Kleiderschank m., Labbes m., staats, Lang m., lange Ditz m.

hässlich	hässliche Zopp m., komisch Fazung n. (f. m.), Plackfisel m. (f. m.), Rievkochegeseech n. (f. m.), Sackgeseech n. (m.), schäbbig, Schabrack f., Schavuenaangeseech n. (m.), Üül f., uselig
hübsch	aadig, adrett, fazünglich, nett
jung	jung
kräftig	Baum m., Frängel m., jet en de Maue han, Kaventsmann m., Kleiderschrank m.
klein	Futze..., futzig, Föttche-an-der-Ääd n. (f. m.), Futzemann m., Kaggedotz m., klein, klitze..., klitzeklein, kröbelig, winzig, Knagges m., Kröbel m., Krott m., Kruggstoppe m. (f. m.), Stöppche n., Stoppe m., Stümpche n. Wann de däm en Muhr en de Fott däus, schleif dä/dat noch et Gröns üvver de Ääd.
nachlässig	Dreckschwaad f. (f. m.), Fubbelsmatant f., Gesocks n. (pl.), Gezumpels n. (pl.), Halvgehang n. (f. m.), Hangdier n. (f. m.), Klätschfrisur f., Klätschkopp m., Krad f. (f. m.), Klunt f., Pluutekopp m. (auf Frisur bezogen) (f. m.), Puddel m. (f.) puddelig Möwche n. (f), puddelige Wohlfahtsdam f., Schabrack f., Schlunz f., Schudderhot m., zerresse Sofa n. (auf Frisur bezogen), Zubbel f.
schlecht frisiert	Mottekopp m. (f. m.), Pluutkopp m. (f. m.), zerresse Sofa n. (f. m.)
schmutzig	bekläbbele, beknase, beschmuddele, beseibere, Dreck m., dreckelig, dreckig, dreckelig Möwche n. (f.), Dreckfirke n. (m.), Dreckhammel m., Drecklavumm f., Dreckschwaad f. (f. m.), Firke n. (f. m.), Gekläbbels n., Kläbbel m., Klätschfrisur f., Klätschkopp m., Kläv m., Knas m., knasig, Knies, knüselig, Knüsel f., Muttengel m. (f. m.)
verweichlicht	Gummibrüdche n. (m.), opgeweich Brüdche n. (m.)

B

Balkon/Garten

Apfelbaum	Appelbaum m.
arbeiten	arbeide
Astschere	Assschir f.
Balkonkasten	Balkonkaste m.
Baum	Baum m., Bäum pl.
Birnbaum	Birrebaum m.
Blatt	Bladd n.
Blume	Blom f.
Blumenbeet	Blomebeet n.
Blüte	Blöt f.
Bohnenstange	Bunnestang f.
düngen	dünge
Erde	Ääd f.
ernten	ernte
Fächerbesen	Fächerbesem m.
Garten	Gaade m.
Gartenarbeit	Gaadearbeid f.
Gartenhäuschen	Gaadehüüsche n.
Gartenschere	Gaadeschir f.
Gartenschlauch	Gaadeschlauch m.
Gartenteich	Gaadedeich m.
Gärtner	Gääsch m.
gießen	geeße
Gießkanne	Geeßkann f.
Grasschere	Grasschir f.
Gummistiefel	Gummistivvele pl.
Hecke	Hegg f.
Heckenschere	Heggeschir f.

herabprasseln	tröötsche
Kirschbaum	Keeschbaum m.
Knolle	Knoll f.
Kompost	Komposs m.
mähen	mihe
Mäher	Miher m.
Mistgabel	Messgaffel f.
Nussbaum	Nossbaum m.
pflanzen	flanze, planze
Pflaumenbaum	Prummebaum m.
pflücken	plöcke
Rasen mähen	Gras mihe
Rechen	Reche m.
Regentonne	Rähntonn f.
Samen	Some m.
säen	sie
Schaufel	Schöpp f.
schneiden	schnigge
Schrebergarten	Schrebergaade m.
Schubkarre	Schubbkaar f.
Spaten	Spate m.
Spitzhacke	Spetzhack f.
spritzen	spretze
Stiel	Still m.
Strauch	Struch m., Strüch pl.
trocken	drüg
Übertopf	Üvverpott m.
umgraben	ömgrave
Unkraut	Unkrugg n.
vertrocknet	verdrüg
Wurzel	Woozel f.
zurückschneiden	ze/zoröckschnigge

Begrüßung/ Verabschiedung

gut	god
Guten Morgen!	Morge!
Guten Tag!	Tag!
Guten Abend!	N'Ovend!
Gute Nacht!	Amerau! Nach!
Hallo!	A!
Mach's gut!	Hald dich gesalze. Hald dich senkrääch! Hald dich stiev! Maach et god!
schlecht	bedresse (derb), schlääch
sehr schlecht	bedresse wör gestrunz (derb), ärg schlääch
Tschüss!	Atschüss! Tschö! Tschüss!
Wie geht's?	Wie es et?

Bekleidung

Absätze	Ööd pl.
Anzug	Aanzog m.
Badeanzug	Badeaanzog m.
Badehose	Badebotz f., Schwemmbotz f.
Bekleidung	Kledage f.
Bluse	Blus f.
Brille	Brell m., Loormachin/Luurmaschin f., Schääl m.
Dreivierteljacke	Futzefänger m.
Festtagsanzug	gode Aanzog m.
Fliege	Fleeg f.
Gürtel	Göödel m.
Handschuhe	Händschohn pl.
Hausschuhe	Pantuffele pl., Schluffe pl.
Hemd	Hemb n.

Hochzeitskleid	Huhziggskleid n.
Hose	Botz f.
Hosenträger	Helpe pl.
Hut	Hot m.
Jacke	Jack f., Kamesol m., n.
Kappe	Kapp f.
Kittel	Baselümche n., Kiddel m.
Kleid	Kleid n.
Kniestrümpfe	Kneestrümp pl.
Kommunionsanzug	Kommelionsaanzog m.
Kommunionskleid	Kommelionskleid n.
Kopftuch	Koppdoch n.
Kostüm	Jackekleid n.
Krawatte	Schlips m.
Latzhose	Schladerbotz f.
Lesebrille	Lesebrell f.
Maske	Flabes m.
Mütze	Mötz f.
neue Bekleidung zu Ostern	Pooschbess n.
Pantoffeln	Pantuffele pl., Schluffe pl.
Pumps	huh Ööd pl.
Schnürsenkel	Schnürreeme pl.
Schürze	Schützel n.
Schuh	Schoh m.
Socken	Söck pl.
Sonnenbrille	Sonnebrell m.
Sportschuhe	Turnschohn pl.
Strampler	Strampelaanzog m.
Strapse	Strumpbängele pl.
Strumpf/Strümpfe	Strump m./Strümp pl.
Tuch	Doch n.
Unterhemd	Ungerhemb n.
Unterhose	Ungerbotz f.
Weste	Kruffes n., Wess f.

Beruf

Apotheker	Aptheker m.
Bauarbeiter	Bauarbeider m.
Bauer	Buur m.
Beruf	Berof m.
Briefträger	Breefdräger m., Possbüggel m.
Briketthändler	Klüttebuur m.
Dachdecker	Daachdecker m., Leiendecker m., Leyendecker m., Pannendecker m.
Doktor/Arzt	Aaz m., Dokter m.
Glasbläser	Glasblöser m.
Fensterputzer	Finsterpützer m.
Fliesenleger	Plaateläger m.
Friseur	Balbutz m., Friseur m.
Gärtner	Gääsch m.
Goldschmied	Goldschmidd m.
Hausmeister	Huusmeister m.
Hebamme	Hevvamm f.
Installateur	Lühbüggel, m.
Klempner	Lühbüggel, m.
Kloreiniger	Drießchesfäger, m.
Landwirt	Buur m.
Lehrerin	Quisel f. (abwertend)
Maler	Aanstricher m., Möler m.
Maurer	Müürer m.
Pflasterer	Paveier m.
Postbote	Breefdräger m., Possbüggel, m.
Prostituierte	Hor/Hur f., Klunt f., Knall f., mem Plumeau lans der Rhing gonn, Nutt f., Schnepp f., Tiff f., Trottoirschwalv f.
Rechtsanwalt	Avekat m.
Schauspieler	Schauspiller m.
Schneider	Schnieder m.
Schuster	Schohmächer m., Schuster m.

Schornsteinfeger	Kaminsfäger m.
Schriftsteller	Schreffsteller m.
Schreiner	Schreiner m., Schringer, m.
Tierarzt	Päädsdokter m. (auch scherzhaft für wenig zimperlichen Arzt)
Wagenschmied	Ahßemächer, m.
Wirt	Weet m. Wä nix weed, weed Weet.
Zahnarzt	Zahnaaz m.
Zuhälter	Stenz m.

Bewegung

ausrutschen	de Gick schlage, letsche, usrötsche
beeilen	de Bein unger de Ärm nemme, der Reeme op de Orgel dun, en de Gäng kumme, ene Däu drop dun, flöck maache, Gas gevve, hetze, Kood scheeße looße, sich beiele, sich ploge, sich zaue, vürran/vörran maache
bewegen	sich bewäge, sich rebbe
Bewegung	Bewägung f.
bummeln	döddere, gängele
drücken	däue, paasche
durchdrängeln	durchpaasche
eilen	flitze, flutsche, hetze, iele, jöcke, laufe, renne, rose, wisele
fahren	fahre, jöcke
fallen	de Ääd bütze, de Gick schlage, falle, letsche
fliegen	fleege
flitzen	flitze, flutsche, hetze, iele, jöcke, laufe, renne, rose, wisele
gehen	gonn
geschickt bewegen	wisele
hasten	flitze, flutsche, hetze, iele, jöcke, laufe, renne, rose, wisele
hüpfen	höppe, springe
klettern	klemme

krabbeln	krabbele
kriechen	kruffe
laufen	flitze, flutsche, hetze, iele, jöcke, laufe, renne, rose, wisele
langsam gehen	döddere, kruffe, schluffe, schöckele, trändele, trödele, trröötsche, waggele, zöbbele
langsam rollen	läumele, löömele
rasen	flitze, flutsche, hetze, iele, jöcke, laufe, renne, rose, wisele
rein- und rausgehen	pööze
rollen	rolle, schibbele
rutschen	flutsche, rötsche
sausen	flitze, flutsche, hetze, iele, jöcke, laufe, renne, rose, wisele
schaukeln	schöckele, waggele
schleichen	höösch gonn, kruffe, schleiche
schlendern	döddere, dötze, klabastere, tröötsche, zöbbele
schnell gehen	flöck, stramm gonn
schreiten	dötze, klabastere, schrigge, talpe
schwimmen	schwemme
spazieren	döddere, gängele, spaziere gonn, zöbbele
stolpern	de Gick schlage, stolpere
tippeln	dinsele, stitzele, tippele
tragen	drage, päuze
wandern	wandere
weglaufen	avhaue, fottlaufe, laufe gonn, sich durch de Kood maache, tirre gonn
wibbeln	wibbele
zappeln	sprattele
ziehen	trecke

Beziehung

ausgehen	erusgonn
begegnen	begähne
beischlafen	döppe, höggele, poppe (derb)
eine feste Beziehung anstreben	kei Mädche/keine Jung för der eeschte Ovend sin
feiern	fiere
fremdgehen	frembgonn, donevvegonn
Händchen halten	Hängche halde
heiraten	hierrode
knuddeln	knüvvele
küssen	bütze
Kuss	Butz m., Bützche n.
lieben	gään han
Liebhaber	Karessant m.
liebkosen	karessiere, päädsköttele
Partner	Ald f. (abwertend), Fründ m., Fründin f., Luschewa m., Partie f., Schoss m. (f.), Tuppes m. (abwertend)
Schürzenjäger	(aale) Schmecklecker m., Föttchesföhler m.
streicheln	krabbele, kräuele
streiten	öschele, strigge, zänke
Streit	Knies m., Strigg m.
verheiratet	verhierodt
verliebt	verlieb
verlobt	verlob
weinen	bauze, hüüle, knaatsche, kriesche
zuzwinkern	zokniepe

Büro

Bleistift	Bleisteff m.
Brief	Breef m.
Brieföffner	Breeföffner m.
Briefumschlag	Breefömschlag m.
Büro	Bürro n.
Büroklammer	Bürroklammer f.
Gummiring	Gümmiche n.
Klebeband	Klävband n.
Klebstoff	Kläves m.
Kreide	Krigg f.
Notizzettel	Zeddel m.
Radierer	Radiergummi m.
Schreibtisch	Schrievdesch m.
Spitzer	Spetzer m.
Stempelfarbe	Stempelfärv f.
Stempelkissen	Stempelkesse n.
Stift	Steff m., Stefte pl.
Visitenkarte	Visittekaat f.

Von „C"
(wie Charakter)
bis „E"
(wie Einkaufen)

einkaufen → enkaufe

C

Charakter

ängstlich	ärmen Höösch m., ärme Zibbendeies m., bang, Bangbotz f. (f. m.), Bangendresser m. (f. m.), bedresse, bedresse Retz n. (f. m.), bedresse Riedig m., Botzedresser m., dressig, Drieß-kääl m., schessig, Schladerbotz f., Schudderhot m.
angeberisch	Huffaatspinsel m., Schwaadlappe m., Seiver-lappe m., Stätzeschwenker m., Strunzbüggel m.
aufdringlich	Dressfleeg f., Klävbotz f., kläverig
Betrüger	Bedreger m., Fuutelhungk m., Gaugitscher m., Schüngeler m.
bösartig	avgeschmack, Bies n., biestig, Freese n., freesig, nixnötzig
charakterlos	avgeleckte Herringsstätz m.
dumm	Aapekloos m., dauv Noss f. (m.), domm, doof, Doof m., Döppe n. (f. m.), Dötsche-mann m., Dusel m., Duseldier n. (f. m.), duselig, Flabes m., Flappmann m., geflapp, Geflappte m., Hömerich m., Hömet m., Kalv Moses n. (m.), Knüüles m., Labbes m., Lötschen-dötsch m., Mötzöllig n. (f. m.), Strühkopp m.
Eigenheiten	Nuppe pl.
eingebildet	ene Futz em Kopp han, engebildt, huhgegiv-velt, huhpöözig, sich ene Däu aandun, engebeldte Hipp f.
eitel	huffäädig, huffäädige Prick f., Preziösche n. (f.), stolze Prie f., stolze Pritsch f., Puhahn m., Schnokefänger m.
faul	fuul Gedresse n. (m.), fuul lans ein Sigg, fuule Kis m., fuule Lansenein m., fuul Sau f.(m.), fuul wie Dreck, Fuulenzer m., Fuulhaufe m., Fuulig m., hät de Arbeid nit erfunge, Herrgoddsfuulenzer m., Stiev m.
fleißig	emsig, fließig
Frömmler	Hellige-Fott-Angenies f., Kommodehellige m., Pilarebützer m., Hellige-klemm-op-de-Lück m.

geizig	Ääzezäller m., karrig, karrige Sau f. (f. m.), kniepig, Kniesbüggel m., Knieskopp m. (f. m.), kniestig, Knüles m., Knüüver m., Kränzchesdrießer m., Mömmesfresser m. Dä bieß noch ene Muusköttel en drei Deil. nau, schrabbig
gemein	Augetrüster m., Avgebröhte m., Bies n. (f. m.), Brechmeddel n. (f. m.), Drecksack m., Filou n. (m.), fliedig, Freese n. (f. m.), Galgestropp m, puddelig, puddelig Möwche n. (f.), Saubies n. (f. m.), Saujung m., Saukääl m., Sauminsch n. (f. m.), Spetzbov m., Undaug m.
gerissen	gau, gewetz, luus
Gesindel	Gesocks n., Gezumpels n., Kradepack n., Rabaljepack n.
gutmütig	Flöpp m., godmödig, godhätzig, Kaplonsgemöt n. (m.)
heuchlerisch	Schmusbüggel m., söß Heu n.
herzlich	hätzlich
hinterhältig	Gaugitscher m., Klut f. (m.), krommen Hungk m., Kujon m., luppig, nitsch, nuppig, Schäl m. (Hänneschenfigur, übertragen auf fehlsichtge Menschen), schääl Aug n. (f. m.), schääl Kiwitt f. (f. m.), schääl Panoptikum n. (f. m.), schääle Alfter f. (m.), schäälen Hungk m., schläächte Grosche m. (f. m.)
introvertiert	einkennig
jähzornig	jihhöstig
kränkelnd	Gööz f., göözig, Jöömergeiß f., Jöömerlis n., Jöömerpott m., Knaatsch f., Kröötsch f., Küümbretzel m. (f. m.), malad, malätzig, Spidolsjeck m. (f. m.)
lebhaft	kreel, opgedriht, wibbelig, Wibbelstätz m. (m. f.), wiselig
leichtgläubig	ärmen Höösch m., Dölmes m.
mannstoll	Flitschche n. (f.), Frau Gäängedöpp f., jöckig, jöckig Radiesche n. (f.), läufig Lische n. (f.), rösig
mürrisch	Ääzebär m., Brummes m., Grummes m., Knotterpott m., Kribbelkopp m., krüddelig, Mötzöllig m., Muffes m., Munnes m., Muuzepuckel m., muuzig, Prötteler m., schnüssig, Schnüsse-Tring n. (f.)

mutig	courageet
Nachtschwärmer	Naachsüül f. (f. m.)
nett	fründlich, nett
neugierig	neugierig, Nasewies m., Schnäus f. (f. m.), Schnäuv f (f. m.)., Schnäuver m., Schnirp f. (f. m.)
nervös	iggelig, hibbelig, Iggelsfott f., Flügop m. (f. m.), nervös Hemb
nörglerisch	nöttele, Nöttelefönes m., nöttelig
phlegmatisch	Däubroder m., Däu-mich-der m., drüge Pitter m., Flöpp m., Kaplonsgemöt n. (m.), Küss-de-hügg-nit-küss-de-morge m., Lemmetsgaan n., Löömerich m., Loss-mich-gonn m., Schlofmötz f. (f. m.), Schloftablett f. (f. m.), Schluffe m.
rüpelhaft	Dames m., Hanak m., Krad f. (m.), kradig, Rabau f. (m.), Rabuffel f. (m.)
scheinheilig	Hellige-Fott-Angenies f., Komodehellige m., Pilarebützer m., schläächte Grosche m. (f. m.), schinghellig
Schürzenjäger	Föttchesföhler m., Schmecklecker m.
Schwätzer	Breimuul f. (f. m.), Flatschmuul f., Quatschkopp m., Schwaadlappe m., Schwaadschnüss f. (f. m.), Seiverlappe m., Seivermuul f. (f. m.), Seiverschnüss f. (f. m.), Traatsch f.
schnippisch	Allewippche n. (f.)
seltsam	Jeck em Rähn m., gelunge, komische Hellige m., komisch Fazung n. (f. m.)
Streber	Lehrerleevche n. (f. m.)
träge	Küss-de-hügg-nit-küss-de-morge m., Lemmetsgaan n., Löömerich m., Loss-mich-gonn m. (f. m.), möd, Schlofmötz f. (m.), schlofmötzig, Schloftablett f. (f. m.), Schluffe m., Tronskann m. (f. m.)
trotzig	prack
übergenau	Ääzezäller m., Knüüver m., Kränzchesdrießer m., pingelig, Pingelsfott f. (f. m.)

ungeschickt	Dölmes m., Döppe n. (f. m.), Dusel m., duselig, Duseldier n. (f. m.), Lemmetsgaan n. (m.), Schusel m., schuselig, Stockfesch m., Tronskann f. (f. m.), Tröt f. (f. m.)
unreif	grön hinger de Uhre, Labbes m., Lällbeck m.
untauglich	geschenk zo düür
verrückt	Allemannsjeck m., beklopp, bestuss, betitsch, Blötschkopp m., Dötsch m., Dötschemann m., Doll m., eine nevve sich gonn han, en Ääz am Wandere/Kieme han, Flabes m., Flappmann m., Geflappte m., jeck, Jeck m., jecken Amänn m., jecken Ditz m., knatschjeck, Lötschendötsch m., mem Bömmel behaue sin, Mondjeck m., ne Nähl em Zylinder han, ne Ratsch em Kappes han, se nit der Reih noh bruche, se nit mih all han, se nit mih all op de Dröht han, se nit mih all op der Reih han, stabeljeck, verdötsch, Verdötschte m., verkindsch
versoffen	Kuletschhot m., Senk f. (m.), Suffkrad f. (m.), Suffpatron m., Suffüül f. (f. m.), versoffe, versoffe Bölzche n. (f. m.), versoffe Loch n. (m.), voll Woch f. (m.), Vollüül f. (f. m.)
vorlaut	kodderig, met der Schnüss vörop/vürop, vörlaut/vürlaut
wehleidig	Gööz f., göözig, Jöömergeiß f., Jöömerlis f., Jöömerpott m., Knaatsch f., Kröötsch f., kröötschig, Küümbretzel m. (f. m.), malad, malätzig
widerlich	Freese n. (f. m.), Freesekessche n. (f. m.), freesig, widderlich Kotzkümpche n. (f. m.)
zänkisch	Fäg f., Krabitz f., krabitzig, Schruuv f., widderbööschtig

D

denken, meinen, sagen, sprechen

abkanzeln	avgrunteere, der Möpp schüüre
ablehnen	avlehne
abraten	avrode
abschlagen	avschlage
abstreiten	avstrigge
andeuten	aandügge
angeben	aangevve
anweisen	aanwiese
ärgern (jemanden)	gääle, kraue, kujoneere, transioneere, vexeere, zänke
ärgern (einander)	sich öschele
ärgern (sich)	sich ärgere, sich en der Buch bieße, sich en de Fott petsche, sich altereere
ärgern (unpersönlich)	fuchse
aufmuntern	opmuntere
auftischen	opdesche
ausdrücken	usdröcke
ausfragen	usfroge
ausplaudern (unbeabsichtigt)	sich de Muul verbrenne, sich verbubbele
ausplaudern	usem Nihkörvche verzälle
ausschimpfen	der Möpp schüüre, för fünf Penning / Minutte Bescheid sage, usschänge
aussprechen	usspreche
bedeuten	bedügge
behaupten	behaupte
beichten	bichte
berichten	bereechte, berichte
Bescheid geben	Bescheid gevve
beschreiben	beschrieve
bestehen auf	bestonn op

beweisen	bewiese
denken	denke
entgegnen	Antwood gevve
erfahren	hüre, metkrige, opschnappe, spetz krige
erfinden	erfinge, sich usdenke
erklären	erkläre, explezeere, usenanderposementiere, verklöre
erinnern	entsenne, erennere
erzählen	verzälle
feststellen	fassstelle
flüstern	fespele, flüstere, leis schwaade
fragen	froge
gestehen	gestonn
glauben	gläuve
grinsen	grielaache
hastig sprechen	iggele
jammern	jöömere, küüme
lachen	giefele, juhze, laache
laut sprechen	schraatele
laut und falsch singen	schöpe
lernen	liere
lügen	lege, lege wie ne Dudezeddel
meinen	meine
nachdenken	begribbele, bekümmele, prakeseere, prümme, simeleere, üvverläge
nörgeln	knottere, naggele, nöttele
plappern	habbele, schnäbbele
räuspern (sich)	hemsche
sagen	sage
scherzen	kujaxe, uze
schimpfen	kieve, schänge
schreien	bälke, blöke, brölle, rofe, schreie
singen	singe
sprechen	schwaade, spreche
stottern	struddele

streiten	(sich) käbbele, knäbbele, naggele, öschele, zänke, en de Woll (Hoore) krige
tratschen	de Schnüss schwaade, durch de Zäng trecke, breid tredde
überlegen	begribbele, bekümmele, prakeseere, prümme, simeleere, üvverläge
überzeugen	üvverzeuge
verdrehen	verdrihe
verraten	verrode
verstehen	begriefe, kapeere, metkrige, verstonn
zurechtweisen	der Möpp schüüre, för fünf Penning/Minutte Bescheid sage, usschänge

E

Eigenschaften von Dingen

alt	ald
bitter	better, gatz
blechern	bleche
dick	deck
doppelt	dubbelt
dünn	dönn, fuddelig
echt	ech
eisern	ieser
eklig	äkelig
faul	fuul, fimpschig, fukackig
fein	fing
feucht	feuch
geblümt	geblömb
gerade	grad
gestreift	gestrief
getupft	getupp
giftig	geftig
glänzend	blänkig
glatt	glatt

glitschig	letschig
golden	golde
groß	groß, su groß wie ne Abtreddsdeckel
hart	hadd
hässlich	hässlich, schäbbig, uselig
hell	kreel
hübsch	aadig
hoch	huh
hölzern	hölzer
kalt	fresch, kald, uselig
kaputt	kapodd
kariert	kareet
klar	klor
klein	futze, klein, klitze, klitzeklein, ömelig
knifflig	knibbelig, piddelig
krumm	kromm
kupfern	koffer
langsam	langsam
laut	laut
ledern	ledder
leer	leer, leddig
nass	dressnaaß (derb), gedressenaaß (derb), naaß, klätschnaaß, pissnaaß (derb), secknaaß (derb)
prächtig	aadig, staats
rau	rau
reif	rief
rein	rein
sauer	amperig, suur, suur wie Rampes
schäbig	fimpschig, fukackig, schäbbig, uselig
schief	scheiv
schlecht	schlääch, verdorve
schlimm	schlemm
schmutzig	bekläbbelt, beknas, dreckelig, dreckig, knüselig
schnell	flöck

silbern	selver
süß	söß
staubig	stöbbig, verstöbb
stattlich	staats, stöödig
stumpf	stump
tief	deef
trocken	drüg, futzdrüg, knochendrüg, verdrüg
übelriechend	möffig, stinkig
uneben	hubbelig
verdorben	fuul, fimpschig, fukackig
warm	wärm
weich	mangs, matschig, weich
witzig	gelunge, löstig, wetzig
wollig	wölle
zerknittert	knuutschig, krünkelig, verknurvelt, verknuutsch, verkrünkelt
zäh	zih, zih wie Lappledder

E

Eigenschaften von Ereignissen

abgekartet	avgekaat
albern	läppsch
ärgerlich	för en Aap/de Begovung krige ze/zo künne, för en de Luff ze/zo gonn
außergewöhnlich	ussergewöhnlich, gelunge
besonders	besonder, eige, usser der Reih
einzigartig	besonder, einzigaatig, selde
ekelhaft	äkelig, för et Freese ze/zo krige, uselig, widderlich
furchtbar	furchbar
furchterregend	för en Aap drieße/krige ze/zo künne
gemütlich	genöglich
grausig	gruselig

interessant	intressant
langweilig	langwielig
lustig	för ze/zo Laache, löstig, Trone futze künne
merkwürdig	eige, gelunge, selde
prächtig	staats, stöödig
seltsam	eige, gelunge, selde
traurig	bedröv, för der Möpp/et ärme Dier ze/zo krige, för ze/zo Kriesche
unheimlich	för en Aap drieße/krige ze/zo künne

Einkaufen

einkaufen	enkaufe
Einkaufskorb	Enkaufskorv m.
Einkaufsnetz	Enkaufsnetz n.
Einaufsroller	Möhnekaar f.
Einkaufstasche	Enkaufsbüggel f., Enkaufstäsch f.
Einkaufstüte	Enkaufsblos f.
Einkaufswagen	Enkaufswage m.
einpacken	enpacke
Fleischtheke	Fleischthek f.
Gemüsetheke	Gemösthek f.
geöffnet	op
geschlossen	zo
Käseregal	Kisregal n.
Käsetheke	Kisthek f.
Kasse	Kass f.
Kassenbon	Zeddelche n.
Kassenzettel	Zeddelche n.
Kühlregal	Köhlregal n.
Leergut	Leergod n.
Obsttheke	Obsthek f.
Pfand	Pand n.
Pfandflasche	Pandfläsch f.
Plastiktüte	Plastikblos f., Plastikbüggel m.
Sonderangebot	Sonderaangebodd n.

Von „F“ (wie Farben) bis „H“ (wie Hausarbeit)

Staubsaugen → Stöbbsauge

F

Farben

blau	blau, bloo, hellblau, himmelblau, koonblomeblau, bletzebloo
braun	brung, dreckigbrung, kackbrung
Farbe	Färv f.
gelb	beige, gääl, hellgääl, kackgääl, knatschgääl, pissgääl, quiddegääl, sonneblomegääl, strühblond, zitronegääl
gold	gold
grau	grau, gries, groo, meloteblond, muusklörig
grün	appelgrön, badezemmergrön, fläschegrön, geffgrön, grasgrön, grön, hellgrön, knatsch grön, lindgrön, maigrön, moosgrön
kupfer	koffer
lila	fleerelilla, helllilla, lilla
orange	appelsinefärve, bernsteinfärve, lachsfärve, orange
rosa	aldrusa, pink, rusa
rot	blodrud, fussig, hellrud, himbeerrud, keeschrud, knallrud, knatschrud, rossrud, rud, tomaterud, wingrud
schwarz	klütteschwatz, kollraveschwatz, pechschwatz, schwatz
silber	selver
türkis	blaugrön, opal, petrol, türkis
weiß	eierschalewieß, schneiwieß, wieß

Freizeit

basteln	bastele, fisternölle, knuuve
Buch	Boch n.
Buntstift	Buntsteff m.
Camping	Zelte n.
einfädeln	enfäddeme
Feierabend	Fierovend m.
feiern	fiere
Fernseher	Äugelskess f., Flimmerkess f., Kess f.
fernsehen	Fernseh luure
Filzstift	Felzsteff m.
Freizeit	Freizigg f.
häkeln	häkele
Klebstoff	Kläves m.
Kreide	Krigg f.
Ölfarbe	Ölfärv f.
lesen	lese
malen	mole
nähen	nihe
Nähmaschine	Nihmaschin f.
Pferd	Pääd n.
puzzeln	puzzele
reisen	reise
reiten	rigge
sammeln	sammele
schreiben	schrieve
schnitzen	schnetze
schwimmen	schwemme
singen	singen
spielen	spille
sticken	stecke
Stift	Steff m., Stefte pl.
stricken	strecke
tanzen	danze

Tanzschule	Danzschull f.
unternehmen	ungernemme
unterwegs	mem Radd erus, op Jöck
Wachsmalstift	Wachsmolsteff m.
wandern	wandere
Wasserfarbe	Wasserfärv f.

Fühlen

ängstlich sein	benaut sin, en Aap drieße künne (derb)
empfinden	föhle
fühlen	föhle
gut gelaunt sein	bovve Jan sin, de Müll op han, god gesennt sin
kränkeln	gööze, kröötsche
nervös werden	de Pimpelsgeech -, de Pimpernel -, der Zängelchesdress krige, iggelig weede
schlecht gelaunt sein	muuzig/schlääch gesennt sin
trauern	truure
traurig sein	der Möpp han, et ärme Dier han
wütend sein	fuchsig, wandrosig, wödig sin

G

Gebrauchsgegenstände

Abfalleimer	Müllemmer m.
Aufnehmer	Opnemmer m.
Besen	Besem m.
Blumenvase	Blomevas f.
Butterdose	Botterdöppe n.
Bratkessel	Brodkessel m.
Bratpfanne	Brodpann f.
Brotmesser	Brudmetz n.
Bügelbrett	Bügelbredd n.
Bügeleisen	Bügelieser n.
Decke	Deck f., wölle Möpp m.
Dietrich	Klöösche n.
Eimer	Emmer m.
Fensterleder	Finsterledder n.
Flasche	Fläsch f.
Flaschenöffner	Fläscheöffner m.
Frühstücksbrettchen	Breddche n.
Fußmatte	Vürläger m.
Gabel	Gaffel f.
Gebrauchsgegenstand	wat mer em Alldag bruch
Gießkanne	Geeßkann f.
Glühbirne	Glöhbier f.
Handfeger	Dreckfäger m.
Kartoffelstampfer	Äädäppelsstamper m.
Kehrbesen	Dreckfäger m.
Kehrblech	Dreckschöpp f
Kehrschaufel	Dreckschöpp f.
Klobürste	Kloböösch f.
Kuchengabel	Kochegaffel f.
Küchenhandtuch	Köchehanddoch n.
Küchenmesser	Köchemetz n.

Küchenwaage	Köchewoog f.
Lampe	Lamp f.
Lampendocht	Lemmetsgaan n.
Leiter	Leider f.
Löffel	Löffel m.
Messer	Metz n.
Mülleimer	Müllemmer m.
Mülleimerbeutel	Müllemmerbüggel m.
Pfanne	Pann f.
Pfannenwender	Köchefründ m.
Putzeimer	Putzemmer m.
Putzlappen	Plagge m.
Salatschüssel	Schlotkump f.
Schneidebrett	Breddche n.
Schüssel	Kump f., Schottel f.
Sieb	Seih f.
Sofakissen	Sofakesse n.
Spültuch	Spölsplagge m.
Staubtuch	Stöbbdoch n.
Suppenlöffel	Zuppelöffel m
Suppentasse	Zuppetass f.
Suppenteller	Zuppeteller m.
Suppentopf	Zuppepott m.
Tasse	Tass f.
Teelöffel	Eierlöffel m., Kaffeelöffel m., Teelöffel m.
Tischdecke	Deschdeck f.
Topf	Döppe n., Pott m.
Übertopf	Üvverpott m.
Vorleger	Vürläger m.
Waage	Woog f.
Wäschekorb	Wäschekorv m.
Zahnbürste	Zahnböösch f.

Getränke

Apfelsaft	Appelsaff m., Pommerillche n.
Bier	Bier n., Kölsch n.
Branntwein	Brandwing m.
dünner Kaffee	Blömcheskaffee m.
Fusel	Gabeko m. (ganz bellige Koon)
Gemüsesaft	Gemössaff m.
Gespritzter	Gespretzte m.
grüner Tee	gröne Tee m.
Johannisbeersaft	Johannisdruuvesaff m.
Kaffee	Kaffee m.
Kirschsaft	Keeschsaff m.
Limonade	Limonad f., Lömmelömmche n.
Mineralwasser	Selters® n., Sprudel n.
Kölsch mit etwas Malzbier	Schoss n.
Möhrensaft	Murresaff m.
Orangensaft	Appelsinesaff m.
Rotwein	Rudwing m.
sehr trockener Wein	suure Hungk m.
Schnaps	Schabau m.
schwarzer Tee	schwatze Tee
Sekt	Sek m.
Tomatensaft	Tomatesaff m.
Traubensaft	Druuvesaff m.
Wein	Wing m.
Weißwein	Wießwing m.

H

Handarbeit

abschneiden	avschnigge
auftrennen	optrenne
einfädeln	enfäddeme
Faden	Faddem m.
fehlerhaft arbeiten	bruddele, huddele, murkse
feinmotorisch anspruchsvolle Arbeit	Piddelsarbeid f.
Garn	Gaan n.
Maßband	Metermoß n., Moßband n.
messen	messe, Moß nemme
misslungene Handarbeit	Bruddel m., Huddel m., Murks m.
nähen	nihe
Nähgarn	Nihgaan n.
Nähkörbchen	Nihkessche n.
Nähnadel	Nihno(de)l f.
Nähzeug	Nihzeug n.
Nadel	No(de)l f.
reihen	reihe
Reihfaden	Reihfaddem m.
Reihgarn	Reihgaan n.
Reihnadel	Reihno(de)l f.
Schere	Schir f.
schneiden	schnigge
Sicherheitsnadel	Secherheitsno(de)l f.
sticken	stecke
Stecknadel	Stechno(de)l f.
Stickgarn	Steckgaan n.
Sticknadel	Steckno(de)l f.
stopfen	stoppe
Stopfei	Stoppei n.
Stopfgarn	Stoppgaan f.

stricken	strecke
Strickgarn	Streckgaan n.
Stricknadel	Streckno(d)el f.

Haus & Co.

Arbeitszimmer	Arbeidszemmer n.
Backofen	Backovve m.
Bad	Badezemmer n.
Badewanne	Badebüdd f.
Bett	Bedd n.
Briefkasten	Breefkaste m.
Dach	Daach n.
Dachfenster	Daachfinster n., Läuvefinster n.
Dachrinne	Daachkall f.
Dachziegel	Daachpann f.
Decke	Deck f., wölle Möpp m.
Dusche	Braus f.
Duschkabine	Brausetass f.
Fenster	Finster f./n.
Fensterbank	Finsterbank f.
Gardine	Gading f.
Gitterstäbe	Tralje pl.
Gitterbett	Traljebedd n.
Kinderzimmer	Kinderzemmer n.
Kleiderschrank	Kleiderschaaf n.
Klingel	Schell f.
Korb	Korv m., Mang f.
Küche	Köch f.
Küchentisch	Köchedesch m.
Küchenschrank	Köcheschaaf n.
Kühlschrank	Iesschrank m.
Lampe	Lamp f.
Nachttisch	Naachskommödche n.
Ofen	Ovve m.

Schaukelstuhl	Schöckelstohl m.
Schlafzimmer	Schlofzemmer n.
Schuhschrank	Schohschrank m.
Schrank	Schaaf n.
Schreibtisch	Schrievdesch m.
Schublade	Schoss n., Schubblad f.
Speicher	Läuv f.
Spiegel	Speegel m.
Spind	Kapäusche n.
Spülbecken	Spölbecke n.
Spülkasten	Spölkaste m.
Spülmaschine	Spölmaschin f.
Stübchen	Kaschöttche n., Stüvvche n.
Stuhl	Stohl m.
Tapete	Tapet f., n.
Teppichboden	Teppichboddem m.
Tisch	Desch m.
Topfregal	Döppebank f.
Toilette	Abtredd m., Höffche n., Klo m.
Toilettenbrille	Brell m.
Toilettenbürste	Kloböösch f.
Treppe	Trapp f., Trepp f.
Treppengeländer	Trappegeländer n., Treppegeländer n.
Treppenhaus	Trappehuus n., Treppehuus n.
Tür	Dör f., Dür f.
Türrahmen	Dörrahme m., Dürrahme m.
Türschwelle	Dürpel m.
unansehnliche kleine Wohnung	Gehög n., Kau f.
Vorhang	Üvvergading f.
Waschbecken	Wäschbecke n., Wasserleidung f.
Waschmaschine	Wäschmaschin f.
Wohnzimmer	Wonnzemmer n.
Zimmer	Zemmer n.

Hausarbeit

abtrocknen	avdrüge
Abwasch	Spöl m.
Aufnehmer	Opnemmer m.
aufräumen	oprüüme
Besen	Besem m.
Bügelbrett	Bügelbredd n.
Bügeleisen	Bügelieser n.
Bügelwäsche	Bügelwäsch f.
Eimer	Emmer m.
Fensterleder	Finsterledder n.
Fenstertuch	Finsterdoch n.
Gallseife	Gallseif f.
Gummihandschuhe	Gummihändschohn pl.
Hausarbeit	Huusarbeid f.
Kehrbesen	Dreckfäger m.
kehren	kehre
Kehrschaufel	Dreckschöpp f.
kochen	koche
Küchenhandtuch	Köchehanddoch n.
Lappen	Lappe m., Plagge m.
putzen	putze
Putzmittel	Putzmeddel n.
rein machen	der Dreck fäge
saugen	sauge
Schmutz	Dreck m., Knas m., Knies m.
spülen	spöle
Spülmaschine	Spölmaschin f.
Spülmittel	Spölmeddel n.
Spültuch	Spölsplagge m.
Staub	Stöbb m.
Staublappen	Stöbblappe m.
staubputzen	stöbbputze
Staubsauger	Stöbbsauger m.

Staubtuch	Stöbbdoch n.
stopfen	stoppe
Unordnung	Kürmel m.
viel arbeiten ohne Erfolg	sich dren- un drusarbeide
waschen	wäsche
Wäsche	Wäsch f.
Wäschekorb	Wäschekorv m.
Wäscheleine	Wäscheling f.
Waschmaschine	Wäschmaschin f
Waschmittel	Wäschmeddel n.
Waschpulver	Wäschpolver n.
Wurzelbürste	Woozelsböösch f.

Von „K“
(wie Karneval)
bis „M“
(wie Musikinstrumente)

Karneval → Fastelovend m.

K

Karneval

Aschenkreuz	Äschekrütz n.
Aschermittwoch	Äschermeddwoch m.
auspfeifen (Büttenredner)	letsche
betrunken	besoffe, voll, vollgesoffe
Bauer	Buur m.
Blasinstrument	Tröt f.
Blaue Funken	Blau Funke pl.
Dreigestirn	Dreigesteen n.
Dreispitz	Dreispetz m.
durch die Kneipen ziehen	durch de Weetschafte trecke
Ehrengarde	Spinat met Ei (scherzhaft)
einen über den Durst trinken	usrötsche
Elferrat	Elferrod m.
Farbe	Färv f.
feiern	fiere
Flirt	Fisternöll m.
Haarteil	Fifi m.
Karneval	Fastelovend m.
karnevalistische Kopfbedeckung	Kapp f.
Karnevalslied	Fastelovendsleed n.
Karnevalsruf	Ajuja, Alaaf
Karnevalssüßigkeiten	Kamelle pl.
Karnevalsumzug	Zog m.
Karnevalsverein	Fastelovendsverein m.
Katerstimmung	et ärme Dier
Kopfschmerzen	Koppping pl.
Krapfen	Nonnefützcher pl.
Küsschen	Bützche n.

küssen	bütze
Lappenclown	Pluutemann m.
laut und falsch singen	schöpe
leicht betrunken sein	e Steinche em Schoh han
Liebschaft	Fisternöll
losziehen	losstrecke
Mandoline	Flitsch f.
Melone (Hut)	Bibi m.
Muuzemandeln	Muuzemändelcher pl.
Muuzen	Muuze pl.
Perücke	Pürk f.
Prinzengarde	Mählsäck pl. (scherzhaft)
Rosenmontag	Rusemondag m.
Rosenmontagszug	Rusemondagszog m.
Rote Funken	Rud Funke pl.
saurer Hering	suure Herring m.
schunkeln	schunkele
sich als ... maskieren	sich ... maache
sich schminken	sich schminke
sich übergeben	göbbele, kötzele, kotze
Spaßbremse	Muuzepuckel m., Möhn f.
Sträußchen	Strüüßche n., Strüüßcher pl.
Symbolfigur (Sündenbock)	Nubbel m., Peijass m.
Tanzeinlage der Roten Funken	Stippeföttche n., Wibbele
tanzen	danze, höppe
Tanzmariechen	Danzmarieche n., Funkemarieche n.
torkeln	schöckele, waggele
trinken (Alkohol)	tröte
Trommel	decke Trumm f.
Trömmelchen	Trömmelche n.
Umzug am Karnevalssonntag	Schull- un Veedelszög pl.
Weiberfastnacht	Wieverfastelovend m.

werfen	schmieße
Zugweg	Zogwäg m.
zuzwinkern	zokniepe

Kiosk

Bonbon	Kamell f.
Briefmarke	Breefmark f., Freimark f.
Brötchen	Brüdche n.
Dose	Büchs f., Dos f.
Eis	Ies n.
erzählen	de Schnüss schwaade, jet usem Blösche verzälle, verzälle
Fahrkarte	Fahrkaat f.
Fässchen Bier	Pittermännche n.
Flasche	Fläsch f.
Feuerzeug	Feuerzeug n.
Kaugummi	Käues m.
Kekse	Plätzcher pl.
Kiosk	Büdche n.
Lakritz	Kuletsch m.
Lottoschein	Lottosching m.
Lutscher	Lötscher m.
Mineralwasser	Selters® n., Sprudel n.
naschen	schnuppe
Pfefferminzbonbon	Peffermünzche n.
rauchen	rauche
saures Bonbon	suur Kamell f.
Schokolade	Schokelad f.
Streichhölzer	Schwävelcher/Schwävele pl.
Süßigkeiten	Güdscher pl., Leckergods n., Sößkrom m.
Tabak	Tubak m.
tratschen	durch de Zäng trecke
Würstchen	Wööschche n.
Zeitschrift	Zeidung f., Wochebladd n.
Zeitung	Zeidung f.

Zigarre	Zigaar f.
Zigarette	Zarett f., Fox m.

Kochen

abschütten	avschödde
Alufolie	Selverpapier n.
anbraten	aanbrode
aufkochen	opkoche
aufschlagen	opschlage
auslassen	uslooße
auspressen	uspresse
ausstechen	ussteche
Backblech	Backblech n.
Backofen	Backovve m.
belegen	beläge
blanchieren	koot avbröhe
Butterdose	Botterdöppe n., Botterdos f.
braten	brode
Brotmesser	Brudmetz n.
Dosenöffner	Büchseöffner m.
dünsten	dünste
Eierpicker	Eierpecker m.
Eierschneider	Eierschnigger m.
einmachen	enmaache
Esslöffel	Esslöffel m.
Flaschenöffner	Fläscheöffner m.
Gabel	Gaffel f.
Geflügelschere	Geflögelschir f.
Geschirrtuch	Köchehanddoch n.
Hefeteig	Hefedeig m.
Kartoffelschäler	Ääpelscheller m.
Kartoffelstampfer	Äädäppelstamper m.
kleinschneiden	döbbele, fitsche, schnigge
kneten	knetsche
kochen	koche

köcheln	köchele
Kochlöffel	Kochlöffel m.
Kochtopf	Kochpott m.
Kuchenform	Kocheform f.
Küchenmesser	Köchemetz n.
Küchenwaage	Köchewoog f.
langsam braten	brödsche
Messer	Metz n.
mischen	menge
Pfanne	Pann f.
Pfannenwender	Köchefründ m.
pfeffern	peffere
Reibe	Riev f.
Reibeisen	Rievieser n.
reiben	rieve
rühren	rühre
salzen	salze
schaben	schrabbe
schälen	schelle
Schaumlöffel	Schuumlöffel m.
Schneebesen	Schneibesem m.
schneiden	fitsche (Bohnen), schnigge
Sieb	Seih f.
stampfen	stampe
Suppenkelle	Zuppekell f.
Teelöffel	Eierlöffel m., Kaffeelöffel m., Teelöffel m.
Teig	Deig m.
Teigrolle	Nudelroll f.
Topf	Döppe n., Pott m.
Topflappen	Pottlappe m.
überbacken	üvverbacke
vorheizen	vürheize
Würfel	Döbbelcher pl.
würfeln	döbbele
würzen	wööze

zerkochen	verbrödsche
ziehen lassen	trecke looße
Zitronenpresse	Zitronepress f.

Körper

Arm	Ärm m.
Auge	Aug n.
Augenbraue	Augebrau f.
Bart	Baat m.
Bauch	Buch m.
Bauchnabel	Buchnabel m., Nöll m.
Bein	Bein n.
blond	blond, gries
Brust	Bross f.
Brustwarze	Nibbel m.
Daumen	Duume m.
Dutt	Knuuz f.
Felgen	Beldere pl.
Ferse	Fääsch f.
Finger (pl.)	Fottknöppelsfingere pl. (abwertend)
Fingernagel	Fingernähl m.
Fuß	Foß m.
Fußnagel	Foßnähl m.
Fußsohle	Foßsoll f.
Gaumen	Gaume m.
Gehirn	Geheens n.
Gesäß	Aasch m. (derb), Fott f.
Gesäßbacke	Aaschbacke n. (derb), Fottbacke n.
Gesäßspalte	Retz n.
Glatze	Plääte f., besser en Plääte wie gar kein Hoor
grauhaarig	gries, meloteblond
Gurgel	Stross m.
Haar	Hoore pl.
Hand	Hand f., Häng pl., Knuppe pl. (abwertend)
Harnblase	Blos f.

Herz	Hätz n.
Hoden	Klötz pl., Nöss pl.
Hüfte	Höff f.
Kehle	Stross m.
Kinn	Kenn n.
Kleiner Finger	Schlingel m.
Knie	Knee n., Kneen pl.
Kniescheibe	Kneeschiev f.
Kopf	Kopp m.
Leber	Levver f.
Lippe	Lepp f.
lockig	kröll
Lockenkopf	Kröllekopp m.
Lunge	Lung f.
Magen	Mage m.
Mittelfinger	Meddelfinger m.
Nabel	Nabel m., Nöll m.
Nagelhaut	Nagelhugg f.
Nase	Nas f., Nöll f.
Oberkiefer	Oberkiefer m.
Penis	Dill m., Löres m., Pitz m.
Perücke	Pürk f.
Pferdeschwanz	Päädsstätz m.
Rippe	Rebb f., Däm ka' mer et Vatterunser durch de Rebbe blose.
rothaarig	fussig
Rücken	Rögge m.
Scheitel	Luuspromenad f., Scheid f.
Schienbein	Schinnbein n.
Schlüsselbein	Schlösselbein n.
Schnurrbart	Schnäuzer m.
Schulter	Scholder f.
Skelett	Knochegerämsch n., Knochegestell n.
Stirn	Steen f.
Unterkiefer	Kennlad f., Ungerkiefer m.

Vagina	Mösch f., Prumm f.
Wange	Backe n., Däm ka' mer et Vatterunser durch de Backe blose.
Wimper	Augeflitter m. -e pl.
zahnloser Kiefer	Beldere pl.
Zopf	Zopp m.
Zunge	Zung f.

Körperpflege

abschminken	sich avschminke
baden	bade
Badetuch	Badedoch n.
Badewanne	Badebüdd f.
Bürste	Böösch f.
bürsten	sich blööschte
Dusche	Braus f., Dusch f.
duschen	brause, dusche
einkremen	enkräme
Feuchttuch	Feuchdoch n.
föhnen	föhne
Haare aufdrehen	de Hoore opdrihe
Haare färben	de Hoore färve
Haarklammer	Klämmerche n.
Haarspange	Hoorspang f.
Handspiegel	Handspeegel m.
Handtuch	Handdoch n.
herausgeputzt	eruskladunjelt, opkladunjelt
kämmen	sich kämme
Kulturbeutel	Kulturbüggel m.
Lippenstift	Leppesteff m.
Lockenwickler	Babbeljöttcher pl., Klötz pl.
Nagelfeile	Nagelfiel f.
Nagelschere	Nagelschir f.
Nägel feilen	de Nähl fiele
Nägel schneiden	de Nähl schnigge

Pinzette	Pinzett f.
Puderdose	Puderdos f.
rasieren	sich rasiere
Rasierschaum	Rasierschuum m.
Rundbürste	Rundböösch f.
schminken	sich krönzele
Seife	Seif f.
Spiegel	Speegel m.
Taschenspiegel	Täschespeegel m.
Taschentuch	Sackdoch n., Täschendoch n.
waschen	sich wäsche
Waschlappen	Wäschlappe m.
Wimperntusche	Wimperntusch f.
Zahnbürste	Zahnböösch f.
Zähne putzen	de Zäng putze
zurechtmachen	sich eruskladunjele., sich opkladunjele

Krankheit

Arzt	Aaz m., Dokter m.
Ärztin	Ääztin f., Döktersch f.
Augentropfen	Augedroppe pl.
Ausschlag	Plack m.
jemand, der Ausschlag hat	Plackfisel n., Rievkochegeseech m.
Bauchschmerzen	Buchping pl.
Beule	Büül f.
Blähungen	e Fützche quer
Blasenpflaster	Bloseflaster n.
Durchfall	Flöcke-maach-vörran m.
Erkältung	Peps m., Schnuppe m., Verkäldung f.
Fußpilz	Foßpilz m.
Gelbsucht	gääl Färv f.
Gicht	Geech f.
Halsschmerzen	Halsping pl.

Hautausschlag	Plack m.
Herzschmerzen	Hätzping pl.
Hühnerauge	Elsteraug n., Höhneraug n.
Husten	Hoste m., Kölsch m. (starker)
Hustensaft	Hostesaff m.
Hustentropfen	Hostedroppe pl.
Juckreiz	Jöck m. Jöck es schlemmer wie Ping.
Kopfschmerzen	Koppping pl.
Kopfschmerztablette	Kopppingstabelett f.
Krankheit	Krankheit f., De beste Krankheit daug nix.
Krankenhaus	Krankehuus n., Spidol n.
länger krank sein	an jet laboriere
Magenschmerzen	Mageping pl.
Nasenspray	Nasespray n.
Nierenschmerzen	Niereping pl.
Ohrenschmerzen	Uhreping pl.
Pflaster	Flaster m.
Röteln	Rüddele pl.
Rückenschmerzen	Röggeping pl
Salbe	Salv f.
Schmerzen	Ping pl. Jöck es schlemmer wie Ping.
Schnupfen	Peps m., Schnuppe m., Vekäldung f.
Schürfwunde	Koosch f., Rievkoche m.
sehr krank sein	schwer do lige
Spritze	Spretz f.
Tablette	Tabelett f.
Tropfen	Droppe pl.
Wartezimmer	Wartezemmer n.
wehleidig	Gööz f., göözig, Jöömergeiß f., Jöömerlis f., Jöömerpott m., Knaatsch f., Kröötsch f., kröötsche, Küümbretzel m. (f. m.), malad, malätzig, Spidolsjeck m. Wenn et schlemm es, du' mer e Läppche dröm.
Zahnschmerzen	Zantping pl.
Zittern	Pimpelsgeech f.

M

Mengenangaben

ein bisschen	e bessche, e Fiselche, e Fitzche, e Fitzelche, e Öözche (Essensrest), e Stöözche (Getränkerest)
ein Beutelchen	e Büggelche (z. B. Kamelle)
eine Büchse	en Büchs (z. B. Ääze)
ein Bündel	ene Püngel, e Püngelche (z. B. Wäsch)
ein Bund	e Bund (z. B. Radiescher)
eine Dose	en Dos (z. B. Fesch; z. B. Zarette), en Büchs (z. B. Fesch)
ein Ende	e Kööschche (z. B. Brud)
eine Flasche	en Fläsch (z. B. Schabau)
ein Glas	e Glas (z. B. decke Bunne)
eine Gruppe	e Schmölzche (z. B. Minsche)
eine Handvoll	en Put (z. B. Zucker)
ein halbes Pfund	e halv Pund (z. B. Botter)
ein Haufen (große Menge)	ene Bärm, ene Kupp, ene Kürmel (z. B. Blädder/Gemös)
eine Kanne	en Kann, ene Pott (z. B. Kaffee)
ein Kasten	ene Kaste (z. B. Kölsch)
ein Kilo	e Killo (z. B. Öllig)
eine Kiste	en Kess (z. B. Böcher)
eine kleine Portion Gebratenes	e Krüssche (z. B. Gulasch)
ein Laib	ene Liev (z. B. Roggebrud)
ein Liter	ene Litter (z. B. Öl)
ein Lot	e Lut (z. B. Kaffee)
eine Menge	en Hääd, ene Püngel, en Rötsch (z. B. Lück)
eine Messerspitze	en Messerspetz (z. B. Mairiedig)
ein Paket	e Pakett (z. B. Nudele)
eine Pfanne	en Pann (z. B. gebrode Äädäppel)

ein Pfund	e Pund (z. B. Keesche)
eine Prise	e Pütche (z. B. Salz)
ein Rest (Essen)	e Öözche (z. B. Murre)
ein Rest (Getränk)	e Stöözche (z. B. Wing)
eine Schar	e Schmölzche (z. B. Minsche)
ein Schäufelchen	e Schöppche (z. B. Zucker)
eine Scheibe	en Schiev (z. B. gekochte Schinke)
eine Schüssel	en Kump (z. B. Schlot)
ein Schuss	ene Schoss (z. B. Essig)
ein Stück	e Stöck (z. B. Woosch)
ein Stückchen	ene Fitz, e Fitzelche, e Schnibbelche, e Stöck(el)che (z. B. Kis)
eine Tasse	en Tass (z. B. Linse)
ein Teller	ene Teller (z. B. Zupp)
ein Topf	e Döppe (z. B. Klatschkis), ene Pott (z. B. Gemös)
ein Tropfen	ene Droppe (z. B. Öl)
eine Tube	en Tub (z. B. Mostert)
eine Tüte	en Blos, e Blösche (z. B. Fritte), ene Büggel (z. B. Kuletsch)
ein Viertelpfund	e Veedelpund (z. B. Feldschlot)
viel	vill
wenig	winnig
ein würfelgroßes Stück	e Döbbelche (z. B. Kis)

Musikinstrumente

Akkordeon	Quetsch f., Quetschebüggel m.
Alphorn	Alphoon n.
Becken	Zimmdeckele pl.
Blasinstrument	Tröt f.
Blockflöte	Blockfläut f.
Drehorgel	Drihorgel f.
Dudelsack	Sackpief m.
Fagott	Fagott n.
Flöte	Fläut f.
Flügel	Flögel m.
Geige	Violin f.
Gitarre	Gitta f.
Glockenspiel	Glockespill n.
Horn	Hoon n.
Klavier	Klavier n.
Mandoline	Flitsch f.
Querflöte	Querfläut f.
Rassel	Rumbanoss f.
Schellenbaum	Schellebaum m.
Tambourin	Lavumm f.
Trommel	decke Trumm f.

Von „P“
(wie Pflanzen)
bis „S“
(wie Sport)

Speisen
Fleischwurst → Fleischwoosch f.

P
Pflanzen
Bäume

Apfelbaum	Appelbaum m.
Baum	Baum m.
Birke	Birk f.
Birnbaum	Birrebaum m.
Buche	Boch f.
Eiche	Eich f.
Kirschbaum	Keeschbaum m.
Linde	Lindebaum m.
Mandelbaum	Mandelbaum m.
Nussbaum	Nossbaum m.
Olivenbaum	Olivebaum m.
Orangenbaum	Appelsinebaum m.
Pappel	Pappel f.
Pflaumenbaum	Prummebaum m.
Platane	Platan f.
Tanne	Tann f., Tannebaum m.
Walnussbaum	Walnossbaum m.
Weide	Wigg f.
Zitronenbaum	Zitronebaum m.

Blumen

Augentrost	Augetrus m.
Bartnelke	Dausendschönche n.
Butterblume	Botterblom f.
Fuchsie	Blodsdröppche n.
Gänseblümchen	Gänseblömche n.
Heckenröschen	Heggerüsche n.
Klatschmohn	Klatschrus f.
Kornblume	Koonblom f.
Lattich (wild)	Laduck m.

Löwenzahn	Ketteblom f.
Maiglöckchen	Maiklötzche n.
Margarite	Magritteblom f.
Maßliebchen	Katzekische n., Matzrüsche n.
Narzisse	Osterglock f.
Nelke	Flett f.
Passionsblume	Herrgoddsblom f.
Pfingstrose	Päädsrus f., Pingsrus f.
Pusteblume	Bloslämpche n.
Ringelblume	Ringelblom f.
Rose	Rus f.
Sonnenblume	Sonneblom f.
Stiefmütterchen	Jelängerjeleever n., Steefmütterche n.
Studentenblume	Stinkepitterche n.
Tagetes	Stinkepitterche n.
Tulpe	Tulp f.
Veilchen	Vijülche n.
Vergissmeinnicht	Vergessmichnit n.
Wegmalve	Katzekische n.

Gemüse

Blumenkohl	Blomekohl m.
Bobbybohne	Fitschbunn f.
Bohne	Bunn f.
Eisbergsalat	Iesbirgschlot m.
Endiviensalat	Andiveschlot m.
Erbse	Ääz f.
Feldsalat	Feldschlot m., Koonschlot m.
Gartenbohne	grön Bunn f.
Gemüse	Gemös n.
grüne Bohne	grön Bunn f.
grüne Erbse	Kivverääz f.
Grünkohl	Kühl m.
Gurke	Gurk f., Komkommer f.

Kartoffel	Äädappel m., Äädäppel pl., Ääpel m. / pl.
Kichererbse	Kruffääz f.
Kohl	Kappes m.
Kohlrabi	Kollerav f.
Kopfsalat	Koppschlot m.
Krauskohl	Kühl m.
Linse	Lins f.
Möhre	Muhr f. Murre pl.
Pfifferlinge	Fifferlinge pl.
Porree	Breidlauch m., Beidlauf m.
Rosenkohl	Spruute pl.
Rotkohl	Rude Kappes m.
Rübstiel	Röbstill m.
Sellerie	Zellerei n.
Spargel	Spargel m.
Spitzkohl	Spetzkappes m.
Suppengrün	Zuppegrön n.
Tomate	Tomat f.
Weißkohl	Wieße Kappes m.
Wirsing	Schavu m.
Zwiebel	Öllig m., Zwibbel f.

Gewürze

Muskatnuss	Muskatnoss f.
Nelken	Nählcher pl.
Pfeffer	Peffer m.
Senfkörner	Senfkööner pl.
Sternangnis	Stäänangnis n.
Zimt	Kaneel n., Zimp m.

Kräuter

Kapuzinerkresse	Kapützcher pl.
Kerbel	Kervel m.
Kräuter	Krüggcher pl.
Lorbeerblätter	Lorbeerbládder pl.
Petersilie	Pitterzillie f.
Salbei	Sälv f.
Sauerampfer	Rampes m., suur wie Rampes
Schnittlauch	Läuchelche n., Pissläufche n.

Obst

Apfel	Appel m.
Aprikose	Aprikos f., (klein) Katömmelche n.
Banane	Banan f.
Birne	Bier f., Birre pl.
Blaubeere	Worbel f.
Brombeere	Broomel f.
Erdbeere	Erbel f.
Himbeere	Humbel f., Himbeer f.
Johannisbeere	Johannisdruuv f.
Kastanie	Kuschtei f.
Kirsche	Keesch f.
Knorpelkirsche	Knappkeesch f.
Melone	Melon f.
Obst	Obs n.
Orange	Appelsin f.
Pfirsich	Melekatömmelche n., Peech f., Plüschprumm f.
Pflaume	Prumm f.
Rosine	Rusing f.
Stachelbeere	Krönzel f.
Traube	Druuv f.
Walnuss	Walnoss f.
Waldbeere	Worbel f.

Zitrone	Zitron f.
Zwetschge	Quetsch f

Sträucher

Efeu	Effe n., Klemm-op m.
Flieder	Fleere m.
Knallerbse	Knalläaz f.
Oleander	Aliaster m.
Reseda	ägyptisch Rüsche n.
Schneeball	Schneiball m.
Strauch	Struch m., Strüch pl.
Teufelskirsche	Düüvelskeesch f.

S

Speisen

Brot

Brot	Brud n., Dat geiht fott wie geschnedde Brud.
Brötchen	Brüdche n.
Graubrot	Graubrud n.
Körnerbrot	Köönerbrud n.
Roggenbrötchen	Röggelche n., de Röggelcher wärm han
Schwarzbrot	Schwatzbrud n.
Stuten	Blatz m.
Toastbrot	Toasbrud n.
Weißbrot	Wießbrud n.

Eier

hartgekochtes Ei	haddgekoch Ei n.
Omelett	Eierkoche m.
Pfannkuchen	Pannekoche m.
Spiegelei	Speegelei n.
weichgekochtes Ei	weichgekoch Ei n.

Fleisch

Blutwurst	Blodwoosch f.
Bratwurst	Brodwoosch f., Zizieswoosch f.
Eisbein	Hämmche n.
dicke Rippe	Reppche n.
Fleischwurst	Fleischwoosch f.
Frikadelle	Frikadell f.
Hackbällchen	Frikadell f.
Kalbfleisch	Kalvfleisch n.
Kalbsleber	Kalvslevver f.
Kotelett	Karmenad f., Kotelett n.
Leber	Levver f.
Schweinelendchen	Lümmerche n.
Rindfleisch	Rindfleisch n
Sauerbraten	Suurbrode m.
süß-saure Nierchen	söß-suure Niercher pl.

Gemüse

Äpfel und Kartoffeln untereinander	Himmel un Ääd
Blumenkohl	Blomekohl m.
Bobbybohnen	Fitschbunne pl.
Bohnen	Bunne pl.
Breitlauch	Breidlauch m., Breidlauf m.
Bratkartoffeln	Brodääpel pl.
Erbsen	Ääze pl.
dicke Bohnen	decke Bunne pl.
geschmorte Möhren	gestuvte Murre pl.
Gemüse	Gemös n.
Grünkohl	Kühl m.
Kastanien	Kuschteie pl.
Kohl	Kappes m.
Kohlrabi	Kollerave pl.
Krauskohl	Kühl m.

Möhren	Murre pl.
Nüsse	Nöss pl.
Pellkartoffeln	Quallmänner pl.
Pommes frites	Fritte pl.
Rotkohl	Rude Kappes m.
Rosenkohl	Spruute pl.
Sauerkraut	Suure Kappes m.
saure Bohnen	suur Bunne pl.
süß-saure Bohnen	söß-suure Bunne pl.
Spargel	Spargel m.
Spitzkohl	Spetzkappes m.
Weißkohl	Wieße Kappes m.
Wirsing	Schavu m., n.
Zwiebel	Öllig m., Zwibbel f.

Milchprodukte

Butter	Botter f.
Buttermilch	Bottermilch f.
frischer Milchkäse	Fläutekis m.
Gouda	Holländer m.
Handkäse	Fuustekis m.
Käse	Kis m.
Limburger Käse	Limenör m.
Quark	Klatschkis m.
Röggelchen (= Roggenbrötchen) mit mittelaltem Gouda, Zwiebelringen, Senf	Halve Hahn m.

Obst

Apfel	Appel m.
Aprikose	Aprikos f.
Banane	Banan f.
Birne	Bier f., Birre pl.
Blaubeere	Worbel f.

Erdbeere	Erbel f.
Himbeere	Humbel f., Himbeer f.
Johannisbeere	Johannisdruuv f.
Kirsche	Keesch f.
Mandarine	Mandarin f.
Melone	Melon f.
Obst	Obs n.
Orange	Appelsin f.
Pfirsich	Melekatömmelche n., Peech f., Plüschprumm f.
Pflaume	Prumm f.
Stachelbeere	Krönzel f.
Traube	Druuv f.
Zitrone	Zitron f.
Zwetschge	Quetsch f.

Salat

Bohnensalat	Bunneschlot m./n.
Endiviensalat	Andiveschlot m./n.
Feldsalat	Feldschlot m./n., Koonschlot m./n.
Gurkensalat	Gurkeschlot m./n.
Kopfsalat	Koppschlot m./n., Kropp m.
Salat	Schlot m./n.
Tomatensalat	Tomateschlot m./n.

Saucen

dunkle Sauce	dunkle Zauß f.
helle Sauce	hell Zauß f.
Käsesauce	Kiszauß f.
Pfeffersauce	Pefferzauß f.
Sahnesauce	Sahnezauß f.
Sauce	Zauß f.
Sauce hollandaise	holländische Zauß f.
Senfsauce	Mostertzauß f.

Süßes

Apfelkraut	Appelkrugg n.
Apfelmus	Prüpp m.
Armer Ritter	Verwenntschneddcher pl.
Bonbons	Kamelle pl.
Gebäck aus Köln	Moppe pl., Muuze pl. Muuzemandele pl., Nonnefützcher pl.
Honig	Hunnig m.
Kaubonbon	Käukamell f.
Kaugummi	Käues m.
Keks	Plätzche n.
Kleingebäck	Deilche n.
Lakritz	Kuletsch m.
Lutscher	Lötscher m.
Marmelade	Krugg n., Marmelad f.
Nachtisch	Nohdesch m.
Pfannkuchen	Pannekoche m.
Puddingteilchen	Puddingdeilche n.
Rübenkraut	Röbekrugg n.
Schokolade	Schokelad f.
Süßes	Sößkrom m.
Süßigkeit	Güdsche n., Leckergods n.
Weckmann	Weggemann m.

Wurst

Bierwurst	Bierwoosch f.
Blutwurst	Blodwoosch f. (geräuchert), Flönz f. (frisch)
Fleischwurst	Fleischwoosch f.
Jagdwurst	Jagwoosch f.
Leberwurst	Levverwoosch f.
Mettwurst	Mettwoosch f.
Schinken	Schinke m.
Teewurst	Teewoosch f.
Wurst	Woosch f.
Zungenwurst	Zungewoosch f.

Würzmittel/Zutaten

Apfelessig	Appelessig m.
Butter	Botter f.
Bratfett	Brodfett n.
Lorbeerblatt	Lorbeerbladd n.
Margarine	Magerin f.
Meerrettich	Mairiedich m.
Mehl	Mähl n.
Senf	Mostert m.
Senfkorn	Senfkoon n.
Öl	Öl n.
Printen	Printe pl.
Rosinen	Rusinge pl.
Rübenkraut	Röbekrugg n.
süßer Senf	söße Mostert m.
Tomatenmark	Tomatemark n.
Wacholderbeeren	Wacholderbeere pl.
Weinessig	Wingessig m.

Sport

Abseits	Avseits n.
Angelhaken	Angelhoke m.
Angeln	Angele n.
Boxen	Boxe n.
Eishockey	Ieshockey n.
Eis(kunst)laufen	Schlittschohlaufe n.
Fechten	Fäächte n., Fechte n.
Fisch	Fesch m.
Fußball	Foßball m.
Gewichtheben	Geweechhevve n.
Golf	Golf n.
Gymnastik	Turne n.
Kalle	Kall f.
Kegeln	Kägele n.
Klettern	Klemme n.
Klimmzug	Klemmzog m.
Laufen	Laufe n.
Pferd	Pääd n.
Radfahren	Raddfahre n.
Reiten	Rigge n.
Rennpferd	Rennpääd n.
Sattel	Saddel m.
Schwimmen	Schwemme n.
Skilaufen	Skilaufe n.
Tanzen	Danze n.
Tischtennis	Desch-/Tischtennis n.
Tischtennisplatte	Desch-/Tischtennisplaat f.
Widerhaken	Widderhoke m.
Wrestling	Ringe n.

Von „T“
(wie Tiere)
bis „U“
(wie Urlaub)

Tiere
Frosch → Höppekrad f.
Hund → Hungk m., Möpp m.
Katze → Katz f., Mitz f.

T
Tiere
Amphibien

Frosch	Höppekrad f.
Kaulquappe	Küülkopp m.
Kröte	Krad f.

Fische

Aal	Ööl m.
Alse (Heringsart)	Maifesch m.
Bückling	Böckem m.
Döbel	Juv f.
Fisch	Fesch m.
Forelle	Forell f.
Goldfisch	Goldfesch m.
Guppy	Guppy m.
Hering	Herring m.
Karpfen	Karpe m.
Makrele	Makrel f.
Salzwasserfisch	Salzwasserfesch m.
Sardine	Sardin f.
Schellfisch	Schellfesch m.
Scholle	Scholl f.
Süßwasserfisch	Sößwasserfesch m.
Thunfisch	Thunfesch m.
Weißfisch	Alfter f., Juv f.

Insekten

Ameise	Ameis f., Seckom f.
Biene	Bei f., Imm f.
Fliege	Fleeg f.
Floh	Fluh f.
Grashüpfer	Heupääd n.

Grasmücke	Heggetaatsch f.
Hausgrille	Heimche n., Heimermüüsche n.
Heupferdchen	Heupääd n.
Honigfliege	Hunnigfleeg f.
Insekt	Insek n.
Käfer	Kevver m.
Laus	Luus f.
Libelle	Augestüsser m., Libell, f.
Maikäfer	Maikevver m.
Marienkäfer	Mariekevver m., Glöckskevver m.
Motte	Mott f.
Mücke	Möck f.
Schmeißfliege	Dressfleeg f.
Schmetterling	Fifalder m.
Silberfischchen	Selverfeschche n.
Stechmücke	Stechmöck f.
Wanze	Wanz f.
Wespe	Wesp f.
Zecke	Zeck f.
Zitronenfalter	Zitronefalder m.

Reptilien

Eidechse	Eidechs f.
Krokodil	Krokodill n.
Schildkröte	Schildkrad f.
Schlange	Schlang f.

Säugetiere

Affe	Aap f.
Dachs	Dahß m.
Dackel	Daggel m.
Eichhörnchen	Eichhöönche n.
Eisbär	Iesbär m.

Feldmaus	Feldmuus f.
Fledermaus	Fladermuus f.
Fuchs	Fuss m.
Geiß	Geiß f., Hipp f.
Giraffe	Giraff f.
Hase	Has m.
Hirsch	Heez m.
Hund	Hungk m., Möpp m.
Kalb	Kalv n.
Kaninchen	Kning n.
Katze	Katz f., Mitz f., Marauz f.
Kuh	Koh f.
Löwe	Löw m.
Maus	Muus f.
Nashorn	Nashoon n.
Nilpferd	Nilpääd n.
Ochse	Ohß m.
Pferd	Pääd n.
Ratte	Ratt f.
Reh	Rih n.
Rentier	Rendier n.
Säugetier	Säugedier n.
Schaf	Schof n.
Schäferhund	Schäferhungk m.
Schwein	Sau f.
Seehund	Seehungk m.
Seelöwe	Seelöw m.
Spitzmaus	Spetzmuus f.
Waschbär	Wäschbär m.
Windhund	Windhungk m.
Windspiel	Windspill n.
Ziege	Geiß f., Hipp f.

Vögel

Amsel, Merle	Määl f.
Brieftaube	Breefduuv f.
Ente	Ent f.
Eule	Üül f.
Gans	Gans f.
grüner Hänfling	Keeschfink m.
Grünfink	Grönfink m.
Huhn	Hohn n.
Kanarienvogel	Kanallievu(g)el m.
Krähe	Krohl f.
Meise	Meis f.
Pfau	Fau m.
Pute	Schruut f.
Rabe	Rav f.
Ringeltaube	Ringelduuv f.
Rotkehlchen	Rudkehlche n.
Schildmöwentaube	Kiwitt f.
Schilfhuhn	Luuschhöönche n.
Schwalbe	Schwalv f., Schwalvter f.
Spatz, Sperling	Mösch f.
Taube	Duuv f.
Truthahn	Schruuthahn m.
Vogel	Vugel m., Vuel m.
Wasserhuhn	Luuschhohn n.
Zaunkönig	Zaunkünning m.

Verschiedene

Koralle	Korall f.
Muschel	Muschel f.
Qualle	Quall f.
Regenwurm	Rähnwurm m, -würm pl.
Schnecke	Schneck f.

Schneider	Schnieder m.
Seestern	Seestään m.
Spinne	Spenn f.
Weberknecht	Schnieder m.
Tausendfüßler	Dausendfößler m.
Tintenfisch	Tintefesch m.
Weinbergschnecke	Wingbirgschneck f.
Wurm	Wurm m., Würm pl.

T

Tod

Beerdigung	Beerdigung f., Begräbbnis n.
Begräbnis	Beerdigung f., Begräbbnis n.
ermorden	avmurkse, ömbränge, mööde, möpse
Eigengrab	Eigegrav n.
Familiengrab	Familliegrav n.
Friedhof	Friedhoff m., Kirchhoff m.
Friedhofsblumen	Friedhoffsblome pl., Kirchhoffsblome pl.
Grab	Grav n.
Grablicht	Gravleech n.
Grabstein	Gravstein m.
Leichenschmaus	Reuesse n., et Fell versuffe
Sarg	Dudelad f.
sterben	baschte, avkratze, avnibbele, de Döpp/Fott zomaache/zodun, der Löffel avgevve, en et Gras bieße, et letzte Nürche halde, himmele, sterve
Streuselkuchen	Streukoche m.
Tod	Dud m.
tot sein	dud sin, ripsch sin, sich de Radiescher vun unge beluure
Totenhemd	Dudehemb n.
Urne	Urn f.

U
Unterwegs

Beifahrerseite	Beifahrersigg f.
Beifahrersitz	Beifahrersetz m.
Benzin	Sprit m.
Brücke	Bröck f.
Einbahnstraße	Einbahnstroß f.
Fahrrad	Radd n.
Flugzeug	Fleeger m.
Gepäck	Bagage f., Gepäck n.
Handbremse	Handbrems f.
Handschuhfach	Handschohfach n.
Heckscheibe	Heckschiev f.
Kurve	Kurv f.
Landstraße	Landstroß f.
Mittelspur	Meddelspor f.
Mittelstreifen	Meddelstriefe m.
Motorrad	Moped n.
Reifen	Reife m.
Rückleuchte	Röckleuch f.
Rückspiegel	Röckspeegel m.
Schiff	Scheff n.
Seitenspiegel	Siggespeegel m.
Stoßstange	Stoßstang f.
Strafzettel	Knöllche n.
Straßenlaterne	Stroßelatään f.
Tankstelle	Tankstell f.
Türgriff	Dürgreff m.
Überholspur	Üvverhollspor f.
unterwegs	mem Radd erus, op Jöck, op Redd
Windschutzscheibe	Windschutzschiev f.
Wohnwagen	Wonnwage m.
Zug	Zog m.

Urlaub

Ausflug	Usflog m.
Bötchen	Böötche n.
Doppelzimmer	Dubbelzemmer n.
Einzelzimmer	Einzelzemmer n.
faulenzen	fuulenze
fliegen	fleege
Flug	Flog m.
Hitze	Hetz f.
kalt	kald
Kälte	Käld f.
Koffer	Koffere pl.
lesen	lese
Liegestuhl	Liegestohl m.
Luftmatratze	Luffmatratz f.
Regenjacke	Rähnjack f.
Regenmantel	Rähnmantel m.
Regenschirm	Parapluie m., Rähnschirm m.
Reise	Reis f.
Schiffsreise	Scheffsreis f.
schwimmen	schwemme
Shorts	koote Botz f.
Sonne	Sonn f.
sonnenbaden	sonnebade
Sonnenbrand	Sonnebrand m.
Sonnenbrille	Sonnebrell m.
Sonnencreme	Sonnecreme f.
Sonnenhut	Sonnehot m.
Sonnenmilch	Sonnemilch f.
Sonnenschirm	Parasol m., Sonneschirm m.
sonnig	sonnig
Taschenlampe	Täschelamp f.
verregnet	verrähnt
verreisen	verreise
wandern	wandere
warm	wärm

Von „V“
(wie Verwandtschaft)
bis „Z“
(wie Zustand)

Sonne und Regen → Sonn un Rähn

V
Verwandtschaft

Bruder	Broder m.
Cousin	Cousin m.
Cousine	Cousine f.
Enkel	Doochterskind n., Enkel m.
Kind	Babaditzche n., Bagage f., Balg m. (abwertend), Binz f., Blag n. (abwertend), Blökes m., Bünnesche n., Ditz m., Ditzche n., Fetz m., Kind n., Knaggewarius m., Lällbeck m., Nüggelche n., Pannestätzche n., Pänz pl., Panz m. (abwertend), Puut m., Quengelsfott f., Qos m., Stoppe m., Stropp m., Stubbeditzche n., Stümpche n., Titti n., Trabante pl., Weckelditz m., Weech n.
Mutter	Mamm f., Mooder f., Mutter f.
Neffe	Broderssonn m.
Nesthäkchen	Nesspöllche n.
Nichte	Brodersdoochter f., Neech f.
Oma	Bestemo f., Groß f.
Onkel	Ohm m., Ühm m.
Opa	Besteva m.
Partner	Luschewa m., Tuppes m.
Patenonkel	Pattühm m.
Patentante	Goddemöhn f.
Schwiegersohn	Doochtersmann m., Schwigersonn m.
Schwiegertochter	Schnürch f., Schwigerdoochter f.
Stiefmutter	Däumooder f., Steefmooder f.
Stiefvater	Steefvatter m.
Tante	Tant f.

W
Wandern

Ausflug	Botterammstour f.
Berg	Berg m.
Butterbrot	Botteramm f., Brögg f., Schänzche n.
Fernglas	Fernglas n.
Hosenträger	Helpe pl.
Käsewürfel	Kisdöbbelcher pl.
Kartoffelsalat	Ääpelschlot/Äädäppelschlot m./n.
klettern	klemme
Kniestrümpfe	Kneestrümp pl.
Pfad	Päddche n.
Regen	Rähn m.
Regencape	Rähncape n.
Regenjacke	Rähnjack f.
Regenschirm	Parapluie m., Rähnschirm m.
scheinen	schinge
schnell gehen	flöck, stramm gonn
Sonne	Sonn f.
Sonnenbrille	Sonnebrell m.
Sonnenhut	Sonnehot m.
Sonnenschein	Sonnesching m.
spazieren	gängele, spaziere gonn, zöbbele
Strickjacke	Streckjack f.
Wanderhose	Wanderbotz f.
Wanderkarte	Wanderkaat f.
wandern	wandere
Wanderstock	Knöppel m.
Wanderung	Botterammstour f.
Wanderweg	Wanderwäg m.
Würstchen	Wööschche n.

Werkzeug

Axt	Ax f.
Blauköpfchen	Blauköppche n.
Bürste	Böösch f.
Cutter	Teppichmetz n.
Dietrich	Klöösche n.
Dübel	Dübbel m.
Feile	Fiel f.
Gewindeschneider	Gewindeschnigger m.
Glättkelle	Truffel f.
Hobel	Hubbel m.
Kneifzange	Petschzang f.
Kombizange	Kombizang f.
Kuhfuß	Kohfoß m.
Kreuzschlüssel	Krützschlössel m.
Locheisen	Lochieser n.
Lötkolben	Lühkolve m.
Maurerkelle	Truffel f.
Nagel	Nähl m.
Niet	Neet m.
Pinzette	Pinzett f.
Säge	Säg f.
Saugglocke	Klub f.
Schaufel	Schöpp f.
Schere	Schir f.
Schleifpapier	Schmirgelpapier n.
Schleifstein	Schliefstein m.
Schraube	Schruuv f.
Schraubendreher	Schruuvetrecker m.
Schraubenschlüssel	Schruuveschlössel m.
Schraubstock	Schruuvstock m.
Seitenschneider	Siggeschnigger m.
Spitzzange	Spetzzang f.
Stichsäge	Stechsäg f.

Teppichmesser	Teppichmetz n.
Traufel	Truffel f.
Zange	Zang f.

Wetter

bedeckt	bedeck
Blitz	Bletz m.
Donner	Donner m.
Eis	Ies n.
eiskalt	ieskald, ießekald
fein regnen	fisele
fein schneien	fisele, schniffele
feucht	feuch
Frost	Fross m.
Frostbeule	Frossbüül f.
Gewitter	Donnerwedder n., Gewedder n.
Hagel	Hagel m.
hageln	hagele
heiß	heiß
kalt	kald
Nebel	Nevvel m.
neblig	nevvelig
Regen	Rähn n., Rähnewedder n.
Regenbogen	Rähnboge m.
Rauhreif	Rauhrief m.
Schnee	Schnei m.
schneien	schneie
schwül	schwöl
sehr heiß	esu heiß, dat de Krohle gappe
Sonne	Sonn f.
Sonnenschein	Sonnensching m.
sonnig	sonnig
Sprühregen	Fisel m.
stark regnen	klatsche, rähne wie e Bies, rähne wie us Emmere, siefe, secke (derb), tröötsche

unangenehm kalt	uselig
warm	wärm
Wetter, das müde macht	möd Wedder n.
windig	windig
Wolke	Wolk f.
wolkig	wolkig

Z

Zeit

Feste

Allerheiligen	Allerhellige
Allerseelen	Allersiele
Geburtstag	Gebootsdag m.
Hochzeit	Huhzigg f.
Karneval	Fastelovend m.
Neujahr	Neujohr n.
Nikolaus	Zinter Kloos m.
Ostern	Ostere, Pooschfess, Pooschte
Pfingsten	Pingste
Rosenmontag	Rusemondag m.
Silvester	Silvester
St. Martin	Määtensdag, Zinter Määtes
Weiberfastnacht	Wieverfastelovend m.
Weihnachten	Chressdag/Chressdäg

Jahreszeiten

Frühling	Fröhjohr n.
Sommer	Sommer m.
Herbst	Hervs m.
Winter	Winter m.
Karneval	Fastelovend m., fünfte Johreszigg f.

Monatsnamen (abweichend vom Deutschen)

Januar	Janewar m.
Februar	Febrewar m.
März	Määz m.
April	Aprel m.
August	Auguss m.

Tag und Nacht

Morgen	Morge m.
Vormittag	Vürmeddag m.
Mittag	Meddag m.
Tag	Dag m.
Nachmittag	Nommedag m.
Abenddämmerung	zwesche Dag un Düster
Abend	Ovend m.
Mitternacht	Meddernaach f.
Nacht	Naach f.

Wochentage

Montag	Mondag m.
Dienstag	Dinsdag m.
Mittwoch	Meddwoch m.
Donnerstag	Donnersdag m.
Freitag	Friedag m.
Samstag	Samsdag m.
Sonntag	Sonndag m.

Zustand

arm	ärm, en jeder Hand en Fleeg han, nix an de Föß han
durstig	dööschtig, Doosch han, Doosch es schlemmer wie Heimwih
flau	fläu, kabbeljäuisch, kuschelemimmetig
fröhlich	aläät, bovve Jan, de Müll op han, god gefuselt, god gesennt
geil	jöckig, jöckig Radiesche n. (f.), käälsdoll, rösig, Schmecklecker m.
hungrig	Amelung han, Hungerligger m., hungrig, Schless han
Juckreiz	Jöck m., Jöck es schlemmer wie Ping
kalt	friere, kald, ieskald, ießekald
müde	möd
mürrisch	krüddelig, Muuzepuckel m. (f. m.), muuzig, Nöttelefönes m.
nervös	fäädig met de Nerve, iggelig, kribbelig, wibbelig, Wibbelstätz m. (f. m.), wiselig
reich	gesalv, jet an de Föß han, rich
schlecht	bedresse, bedresse wör gestrunz, schlääch
Schmerz	Ping pl., Jöck es schlemmer wie Ping
schwul	anderseröm, wärm, Kess f., Koosch f.
traurig	bedröv, muuzig, Muuzepuckel m.
trotzig	Klotzkopp m., pritsch
ungeduldig	iggelig, Iggel m., Iggelsfott f., kribbelig, wibbelig, wiselig
verärgert	krüddelig, pritsch
warm	schweißte, wärm
weinerlich	Hüüldöppe n. (f.), knaatschig, krieschig, Jöömerlis n. (f.), Löömergeiß f.
wütend	bletzig, fuchsig, kodd, kollig, wandrosig, wödig, wödig Pissmännche n. (f. m.) (derb), wööschtig

Grammatisch

Adverbien und adverbiale Ausdrücke
Nomen
Plastische Ausdrücke
Redensarten

De dömmste Buure han de deckste Äädäppel.

Grammatisch
Adverbien und adverbiale Ausdrücke
Ort

aneinander vorbei	lansenein
da	do
daheim	doheim
dazwischen	dozwesche
draußen	drusse
drinnen	drenne
drüben	drüvve
drumherum	drömeröm
entlang	lans
herauf	erop
heraus	erus
herein	eren
herum	eröm
herunter	erav
hier	hee
hinab	erav
hinauf	erop
hinten	hinge
hinterher	hingerdren
links	links
nirgends	nirgends
oben	bovve
rechts	räächs; rähts
rückwärts	röckwääts
überall	üvverall
unten	unge
vorne	vörre/vürre
vorwärts	vörwääts/vürwääts
weiter	wigger

Zeit

abends	ovends
bald	baal
beizeiten	beizigge
bereits	ald
damals	domols
danach	donoh
darauf	dodrop, drop
diese Woche	dis* Woch
diesen Monat	dise Mond
dieser Tage	dis Dag
dieses Jahr	dis Johr
direkt	d(i)rek
dreimal	dreimol
einmal	eimol
erst	eesch, eets
gerade	grad
gestern	gester(e)
gewöhnlich	gewöhnlich
heute	hügg
heute Abend	dise/hügg Ovend
heute Mittag	dise/hügg Meddag
heute Morgen	dise/hügg Morge
heute Nachmittag	dise/hügg Nommedag
heute Nacht	dis/hügg Naach
hinterher	hingerher
immer	immer, luuter
jemals	jemols
jetzt	jetz
manchmal	mänchmol
meistens	miestens
mittags	meddags
mittlerweile	meddlerwiel
morge	morgen

morgens	morgens
nachmittags	nommedags
nachts	naachs, nahts
nie	nie
niemals	niemols
normalerweise	normalerwies
oft	off
rechtzeitig	beizigge
schließlich	am Eng vum Maat, schleeßlich
schon	ald
seither	zick dä Zigg
selten	selde
soeben	grad
sofort	d(i)rek/t(i)rek
später	späder
täglich	däglich
tagsüber	dagsüvver
über kurz oder lang	üvver koot oder lang
übermorgen	üvvermorge
vorgestern	vörgester(e)/vürgester(e)
vorher	vörher/vürher
voriges Jahr	vörriges/vürriges Johr
vorigen Monat	vörrige/vürrige Mond
vorige Woche	vörrige/vürrige Woch
zeitweise	metzigge
zuerst	zoeesch/zoeets
zuletzt	zoletz
zweimal	zweimol

* Anmerkung zu Seite 94:
dis, dise kann nur zeitlich verwendet werden (dieser Tage, diese Woche, diesen Monat, dieses Jahr). Für Demonstrativpronomen (z. B. dieser Tisch) wird der betonte bestimmte Artikel *dä, die, dat* verwendet: *dä Desch*, was noch durch den Zusatz *hee* bzw. *do* präzisiert werden kann. *Dä Desch hee es noch vun minger Groß. Dä Desch do han ich om Fluhmaat gekauf.*

andere

aber	ävver
also	alsu
andererseits	op der ander Sigg
auch	och
beieinander	beienein
beinah	baal, beinoh
dabei	dobei
dadurch	dodurch
dafür	dofför
damit	dat/domet
daneben	donevve
daran	dodran
darin	dodren
darüber	dodrüvver, drüvver
darum	doröm, dröm
davon	dovun
dazu	dofför
denn	dann, denn
der Länge nach	de Längdelang/längdelang
deswegen	deswäge, dröm
doch	doch, endoch
eilig	jihhöstig
etwas	jet
fast	baal, fass
genug	genog
gern	gään
heim	heim, op heim aan
höchstens	hüchstens, wann et huh kütt
kurzerhand	kooterhand
leider	leider
nebenbei	nevvebei
nein	enä, nä
nicht	nit

nochmals	noch ens
nötigenfalls	wann/wenn nüdig
nur	nor
passend	müngchesmoß
schnell	em Rubbedidupp, em Rüppche, flöck, wat giss de, wat häs de
sehr	ärg, fies
sicherlich	bestemmp, secher
so	(e)su
sogar	(e)sugar
trotzdem	trotzdäm
überhaupt	üvverhaup
übrigens	üvvrigens
umsonst	för lau, ömesöns
untereinander	ungerenander, ungerenein
vergebens	ömesöns
vermutlich	secher
vielleicht	villleich
vorbei	vörbei
wann	wann
warum	woröm, wofür
weg	fott
wenigstens	winnigstens
wie	wie
wieder	widder
wo	wo
wofür	woför
wogegen	wogäge
woher	woher
wohin	woher, wohin
wohinter	wohinger
womit	womet
woran	wodran
worin	wodren
worüber	wodrüvver

worunter	wodrunger
wovor	wovör, wovür
zeitlebens	e Levve lang
zu Lebtag	zeläbdesdags/zoläbdesdags
zusammen	zesamme/zosamme

Nomen
Abstrakta

Anekdote	Kreppche n.
Angeberei	Strunz m.
Angewohnheit	Aangewende f.
Anliegen	Aanlige n.
Angst	Angs f., Benautheit f., Kadangs f.
Anrecht	Aanrääch n.
Ansehen	Aansinn n.
Anspruch	Aansproch m.
Anstand	Aanstand m.
Anteil	Aandeil m.
Antrieb	Drevv m., Aki m.
Antwort	Antwood f.
Arbeit	Arbeid f., Frößel m., Wöhl m.
Armut	Ärmod f.
Aufputz	Kladunjel m.
Aufregung	Alteration f.
Begebenheit	Kreppche n.
Benehmen	Benemm m.
Betrügerei	Bedressche n., Beschüppche n.
Blüte	Flor m.
Breite	Breid f., Breide f.
Duft	Döff m.
Eile	Iel f., Iggel m.
Ernst	Ääns m.
feinmotorische Arbeit	Frickelei f., Gefrickels n.
Fleiß	Fließ m.

Frost	Fross m.
Geschichte	Kreppche n.
Geschick	Aki m.
Gestank	Möff m.
Gewohnheit	Gewende f.
Hitze	Hetz f.
Höhe	Hüh f., Hühde f.
Kälte	Käld f.
Kenntnis	Kenn m.
Klemme	Bredouille f.
Länge	Läng f., Längde f.
Lust	Loss f, Gelöss pl.
Lust an Neuem	Neuloss f.
Mischung	Gemölsch n., Kuschelemusch m.
misslungene Arbeit	Bruddel m., Huddel m., Gebruddels n., Gehuddels n., Murks m.
Mut	Courage f., Mod m.
Nervosität	Iggel m., Kribbel m.
Plumpheit	Bottheit f.
Recht	Rääch n.
Riss	Basch m.
Rüffel	Kische n.
Schikane	Schikanörche n.
Schmutz	Dreck f., Knies m., Knas m., Mölm m.
Schwierigkeiten	Moleste pl.
Spaß	Eu m., Pläsier n., Spass m.
Schritt	Schasewitt m.
Schwung	Aki m.
Sprung	Basch m.
Stichelei	Peck m.
Stoß	Schasewitt m.
Strahl	Jutsch m.
Streit	Käbbelei f., Knies m., Öschel m., Strigg m., Zänk m.
Teuerung	Düürde f.

Trauer	ärme Dier n., Bedrövnis f., Möpp m, Truur f.
Treiben	Drevv m.
Tritt	Schasewitt m.
Trott	Gewatt n.
Trotz	Frack m., Prack m.
Umstände	Buhei m., Fisematente, Gedöns n.
Unannehmlichkeiten	Moleste pl.
Ungeduld	Iggel m., Kribbel m.
Unruhe	Iggel m.
Unsinn	Dressverzäll m., Futzverzäll m., jecke Tön pl., Käu m., Käuverzäll m., Seiver m., Stööz m., Stuss m.
Witz	Krätzche n.
Wut	Wod f.

Abstrakta auf -es (alle m.)

missliche Lage	Dalles
Singsang (Te deum laudamus)	Deilendames
Verarmung	Dalles
vorteilhafter Handel	Schaures

Begriffe, bemerkenswerte

Falten, Krähenfüße	Krohleföß pl.
Feuerwerk	Schmitzfüürche n.
Gaffer	Gabbeck m.
Gefängnis	Blech f., Tippo n. (frz. Dépot)
Geld	Moppe pl., Nüsele pl.
Handtasche	Kabass f.
hinkender Mensch	Höppelepöpp m.
Karussel	Karesel n., Müllche n.
leichtsinniges Mädchen	Flitsch
Narr	Jeck m., Schauter m.

Ohrfeige	Dillendötzche n., Fimm f., Firmbängel m., Gelz f., Juv f., Klatsch f., Knallzigaar f., Tachtel f., Tatsch f., Wamännche n.
Pfandhaus	Lumba n. (frz. Lombard)
Scherzbold	Krätzchesmächer m.
Schlaufe, Schlinge	Stropp m.
Spaßmacher	Schnokefänger m.
unangenehmer Zwischenfall	Humm f.

Begriffe mit Ge- (alle n.)

alter Plunder	Gerumpels
Begierden	Gelöste (pl.)
Behausung	Gehög
Durcheinander	Gekros (viel Arbeit), Gesöms (Kinder)
Durcheinanderreden	Geschratels
etwas Krauses	Gekrüsels
faserige Gewebeteile	Gefusels
fehlerhafte Arbeit	Gehuddels
Fehlstiche bei Handarbeit	Gebruddels
feiner Regen/Schnee	Gefisels
Geflüster	Gefispels
Gegacker	Gekaakels
Gehege	Gehög
Gehüpfe	Gehöpps
Gejammere	Gejöömers, Geküüms
Gejuchze	Gejuhz
Gekeuche	Gekächs, Geküüms
Gekicher	Gegiefels
Gekrieche	Gekrabbels
Gemütlichkeit	Genögde
Genüge	Genögde
Gerenne	Geläufs
Geschimpfe	Gepröttels, Geschängs

Geschnörkel	Geschnörkels
Geschwätz	Geflatsch, Gefladdersch, Geschwaads
Getue	Gedöns
Gewackele	Gewaggels
herabhängede Kleidungsstücke	Gezöbbels, Gezubbels
hörbares Schieben	Geschürgels
Kleinkram	Geschräppels
knifflige Arbeit	Gekniffels
langsames, ungeschicktes Essen und Trinken	Gezölvers
Lärm	Gerumpels
lautes Freudengeschrei	Gekugaxe
mürrisches Gebrumme	Genöttels
Pack	Gesocks, Gezumpels
Scheiße	Gedresse
Schmutz	Gekläbbels
Sippschaft	Geläg
umständliche Arbeit	Getiftels
Unordnung	Genögde (iron.)
Zögerung	Geträntels
Zufriedenheit	Genögde

Dinge auf -es

etwas Kleines	Öömes m.
flaches Blei- oder Zinkdach	Bleies n.
Gesichtsmaske	Flabes m.
großer Stein	Wagges m.
Handgriff	Packes m.
Kaugummi	Käues m.
Klebstoff	Kläves m.
Kohl	Kappes m.
Kopf	Kniebes m., Küüles m.
Penis	Löres m.

Popel	Mömmes m.
Portion gekochtes Essen	Koches n.
Schmerbauch	Balges m.
unfrisierter Haarschopf	Wäules m.
Wandbrett	Hanes n.
Zapfhahn	Zappes

Namen auf -es (alle m.)

Ägidius	Gilles
Adam	Dames
Adolf	Dolfes
alle auf -bert	Bäätes
Anton	Tünnes
Arnold	Noltes
Bartholomäus	Miebes
Bernhard	Bernades, Nades
Damian	Dames
Gerhard	Grades
Hendrik	Drickes
Jakob	Köbes
Martin	Määtes
Rainer, Reiner	Neres
Werner	Neres
Zachäus	Zachaies
Zibbedäus	Zibbedeies

Orte auf -es

Backhaus	Backes n.
Brauhaus	Bräues n.
De-Noël-Platz	Nölles m.
Kaufhaus	Kaufes n.
kleine Wohnung	Kruffes n.
Räucherkammer	Räuches n.

Schlachthaus	Schlaachtes n.
Taubenschlag	Duffes n.
übelriechender Raum	Muffes n.

Personen auf -es (alle m.)

Bastler	Knuuves
Bierzapfer	Zappes
Dummkopf	Flabes, Küüles
Dickwanst	Bölles, Drammes, Pampes
Kellner (Brauhaus)	Köbes
kleiner Junge	Bubbes, Wickes
kleiner unansehnlicher Mensch	Knagges, Knubbelendores
klobiger Mensch	Klöbes
Kosename	Schnagges, Schnugges, Stinkes
langsam gehender Mensch	Schluffes
Lump	Dames
Mensch mit großer Nase	Naserines
Mensch mit schleppendem Gang	Schluffes
Mensch mitTriefnase	Klätschmiebes
mürrischer Mensch	Brummes, Grummes, Muffes, Munnes
oft polternder Mensch	Rabbelekanes, Rubbelendores
oft schlabbernder Mensch	Schlabberdanes
Partner	Tuppes
Präsident	Präses
Schreihals	Bälkes, Blökes, Brölles, Hüüles, Schreibäätes
Schuft	Dames
unreifer Mensch	Labbes

Plastische Ausdrücke

alter, dünner Mann	Hippelepipp m., Zebingemännche n.
ängstlich sein	en Aap krige, en Aap drieße künne, e bedresse Retz sin
ausplaudern	usem Nihkessche verzälle
außer Atem sein	hingewidder sin
Brummkeisel	Hüüldopp m.
den Mund zum Weinen verziehen	e Pännche trecke
Der kommt mir gerade richtig!	Dä kütt mer staats!
Dreivierteljacke	Futzefänger m., Futzkamesol m.
Du kannst mich mal	Blos der/mer jet! Däu mer der Naache! Do kanns mer ens der Büggel bütze/der Hubbel blose! Do kanns mer jet hoste! Drieß der/mer jet! Gangk ens höppe! Leck ens am Aasch es och ene Danz, wann/wenn och keine flöcke.
dummes, fades Zeug	Päädsköttelei
dünn	Bunnestang f. (f. m.), Däm kann mer et Vatterunser durch de Backe (Rebbe) blose. Hungerhoke m., Knochegerämsch n. (f. m.), Rebbegestell n., Schmalbedaach m., schmale Herring, m. (f. m.), schmale Meddag m. (f. m.), tapezeete Latz f. (f. m.), verdrüg Hahnehätz n. (f. m.), Zemmergeiß f.
eingebildet sein	ene Futz em Kopp han, sich ene Däu aandun
er/sie spricht ununterbrochen	Däm geiht de Muul wie en Entefott.
fallen	de Ääd bütze
Fettwanst	deck Gemangbrud n. (f.), Fettspektakel n. (f. m.), Fressalles m. (f. m.), Fressklötsch m. (f., m.), Matschann f., Putschblos f. (f. m.)
Frau mit großem Busen	Memmendrügg n. (f.), Memmespektakel n. (f.)
Füße	Apostelepääd (pl.)
Gartenaufseher	Krönzelinspekter m.

Gegeneinanderstoßen zweier Köpfe	Butzekopp m., Dutzekopp m.
Gelfrisur	Klätschfrisor f., Klätschkopp m.
Gewohnheit	Gewatt
Haarwickler	Babbeljöttche n., Klotz m.
hässlicher Mensch	Plackfisel m. (f. m.), Rievkochegeseech n. (f. m.), Sackgeseech n. (m.), Schavuenaangeseech n. (m.)
Hintern	Bretzel, boore Bahnhoff (groß), Fott wie e Brauereipääd (groß), Möckeföttche (sehr klein)
hochschwanger sein	god gepüngelt han
ich auch	Wat hälds de dann vum Geeßkännche?
Imbiss	Leckermüffelche n.
in singendem Ton bejahen	Firkes-Jo-Gesahts
kleiner Mensch	Föttche-an-der-Ääd n. (f. m.). Wenn de däm en Muur en de Fott däus, schleif dä noch et Gröns üvver de Ääd.
Korsett	Memmestipper m.
Lackaffe	Schöngeföhnte m., schöne Gespretzte m., schöne Hubäät m.
leer ausgehen	en Aapefott krige, en jeder Hand en Fleeg han
Liebkosen	Päädsköttelei f.
misslingen	en de Botz gonn
mit Fingerspitzengefühl	mem Höhnerkläuche
mühevolle Arbeit	Päädsarbeid
Ohrfeige	Babbeljöttche n., Juv f.
oft rein- und rausgehen	pööze
Ort, dessen Lage nicht bekannt	zwesche Klätschnaaß un Knochendrüg
(positive Beschreibung)	dat et nor esu en Aat hät
rasche Besorgung	Allewittche n. (von frz. aller vite = schnell gehen)
Rutsch mal ein bisschen!	Rötsch ens ene Däu!
saufen	sich der Stross öle
Scheitel	Luuspromenad f.
Scherereien bekommen	Krätzcher an de Gäng han

schmollen	e Pännche trecke
Schmutzfink	dreckelig Möwche n., Dreckfirke n., Dreckhammel m., Drecklavumm f., Dreckschwaad f., Muttengel m.
schwere Arbeit	Päädsarbeid f.
sehr heiß	esu heiß, dat de Krohle gappe
sehr streng riechen	stinke wie en kalifornische Zitteraap
Süßigkeit	Güdsche n., Leckergods n.
tratschen	durch de Zäng trecke
verdünntes Getränk	Aläätche n.
verrückte Person	jeck Öllig n., jeck Schoss n., jecken Ditz m. (f. m.)
Unterstellplatz	Kruff-eren m.
Von wegen!	Am Aasch e Trötche! Do häs de dich ävver nevven der Emmer gesatz! Gebacke Prumme! Un e Ei (vum Konsum!)
weit entfernter Ort	Pusemuckel, Löffelseng
weiter Weg	Päädswäg m.
winziges Ding	Möckeföttche
verfrorener Mensch	Frossbüül f. (f. m.)
zerzaust sein	ussinn wie e zerresse Sofa
zu viel kriegen	de Begovung krige, de Rüddele kriege, en Aap krige, et Freese krige

Redensarten

Ätsch!	Am Aasch e Trötche! (derb) Do bes de fies op et Föttche gefalle. Do häs do dich ävver nevven der Emmer gesatz. Dress am Schoh! Gebacke Prumme! Lans de Nas! Un e Ei!
Bei großem Durcheinander	Do fingk mer de Decke us de Dönne nit. Do finge sibbe Katze kei Müüsche drer widder.
Das ist mir auch passiert.	Wat hälds de dann vum Geeßkännche?
Das ist noch nicht sicher.	Do häs de ävver noch kei Breefche vun!
Das ist sehr viel/ übertrieben.	Dat geiht op kein Kohhugg.

Das glaube ich nicht.	Do bes jeck! Do kanns de doch dran föhle! Du' mer ne Gefalle! Häs de doför Tön?! Jeck verzäll! Lüg wigger! Verzäll et dingem Friseur!
Das merke ich mir!	Dat häs de keinem Dauv gefläut.
Das verrate ich ihm nicht.	Do halden ich däm der Schnäuzer vun rein.
Das wird nicht passieren.	Nor wann Düx üvver Kölle kütt/wann Ostere un Weihnachte op eine Dag falle.
Das werde ich niemals tun.	Nit för Koche! Un wann der Düüvel op Stelze kütt!
Der isst alles.	Dä friss Schohnähl, wenn se god gestuv sin.
Du hast längst noch nicht das Schwierigste überstanden.	Do bes lang noch nit lans Schmitz' Backes!
Du bekommst nichts.	Do kriss en Aapefott. Do kriss en jeder Hand en Fleeg.
Du übertreibst.	Wenn de jeck wees, muss de der en Kapp maache looße.
Es gibt eine Menge Verrückter!	Jede Jeck es anders. Unse Herrgodd hät allerhand Kossgänger.
Es wird schon gelingen!	Et hät noch immer god gegange. Et weed nix esu heiß gegesse, wie et gekoch weed. Küss de üvver der Hungk, küss de üvver der Stätz.
etwas dauernd tun und damit anderen auf die Nerven gehen	et am Stöck han
Halb so wild!	Bes dohin flüüß noch vill Wasser der Rhing erunder. Do küss de dis Naach met an et Lige. Wenn et schlemm es, du' mer e Läppche dröm. Unkrugg vergeiht nit.
Kleinvieh macht auch Mist.	Wenn et nit rähnt, dann dröpp et.
Lass mich in Frieden!	Blos mer jet! Däu mer der Naache! Do kanns mer ens der Büggel bütze. Drieß mer jet! Gangk ens höppe! Leck ens am Aasch es och ene Danz, wenn och keine flöcke. (derb)

Pech am laufenden Band haben	et am Stöck han
Pfeif drauf!	Drieß en der Ries, mer han Bunne gekoch! Drieß jet drop! Drieß op der Dress!
viel zu tun haben	vill an de Gäng han
viele Unannehmlichkeiten haben	jet an de Gäng han
Was du nicht sagst!	Häs de doför Tön?! Jeck verzäll! Do bes jeck! Leck mich en der Täsch!
gesagt, wenn es sehr staubig ist	Do kanns de Murre sie. Do lige Dude unger dem Bedd.
wenn etwas nicht schmeckt	Dat kann mer keinem Esel en de Uhre däue/schödde.
wenn jem. falsch eingeschätzt wird	Do kanns met mir/im schwaade wie met enem Doof, nor nit esu lang.
wenn jem. niest	Godd trüs ding Siel – un der Deuvel di Aaschloch! (derb)
wenn jem. sehr alt ist	Dä/Dat rüch ald noh der Schöpp. (derb)
wenn jem. sehr dünn ist	Däm kann mer et Vatterunser durch de Backe (Rebbe) blose.
wenn jem. sehr hässlich ist	Dä hät e Geseech, als wann ene Mops drengefutz hätt. Dä hät e Geseech wie en bläcke Fott, die Kaffe drink. Däm si Geseeech un ming Fott künnte Geschwister sin. Dä/Dat trick sich besser en Botz üvver et Geseech!
wenn jem. sehr klein ist	Wann de däm en Muhr en de Fott däus, schleif dä noch et Gröns üvver de Ääd.
wenn jem. sehr schielt	Dä es esu schääl, dat im de Trone de Backe erunder laufe. Dä luurt mem räächte Aug en de linke Westetäsch.
wenn jem. sehr unsportlich ist	Dä/Dat es esu gelenkig wie en Ieserbahnschinn.
wenn jem. sehr viel redet	Wann dä/dat stirv, muss er däm sing Schnüss extra dudschlage.

wenn jem. sich über die frühe Uhrzeit beklagt	Morgenstund hat Gold im Mund – un Blei em Aasch! (derb) Wä lang schlöf (schlief), dä schlöf (schlief) sich wärm, wä fröh opsteiht, dä friss sich ärm.
wenn jem. sich verspricht	Heuwägelche!
wenn jem. skeptisch gegenüber Neuem ist	Wat der Buur nit kennt, friss e nit.
wenn jem. strohdumm ist	Wann Dommheit wih dät, wör dä/dat der ganzen Dag am Schreie. Dä/Dat hät der Kopp nor för de Hoore zo wäsche.
wenn jem. sehr penibel ist	Dä/Dat fingk Saache, die hät noch keiner verlore.
wenn jem. tot ist	Dä/dat beluurt sich de Radiescher vun unge. Däm dun de Zäng nit mih wih.

Grammatisch

Schimpfwörter
Textbausteine
Verben (bemerkenswerte)

Schimpfwörter

Faulpelz → fuul Gedresse n. (m.), fuule Kis m., fuule Lansenein m., fuul Sau f. (m.), Fuulenzer m., Fuulhaufe m., Stiev m.

Schimpfwörter

alte Person aale Bemm m., aale Bienebüggel m., aale Büggel m., aal Mäál f., aal Schabrack f., aal Schruuv f.

Angeber Huffaatspinsel m., Schwaadlappe m., Seiverlappe m., Stätzeschwenker m., Strunzbüggel m.

Angsthase ärmen Höösch m., ärme Zibbendeies m. Bangendresser m. (f. m.), Bangbotz f. (f. m.), bedresse Retz n. (f. m.), bedresse Riedig m., Botzendresser m., Drießkääl m., Schladerbotz f., Schudderhot m.

aufgedonnerte Person Bom-Holla f., Karesellebrems f., Lackschöhche n. (m.), Schöngeföhnte m., schön Tant Nett f., schöne Gespretzte m., schöne Hubäät m.

Blödmann Aapekloos m., Betitschte m., dauv Noss f. (m.), Doll m., Doof m., Dötsch m., Dötschemann m., Flabes m., Flappmann m., Geflappte m., Jeck m., Kalv Moses n. (m.), Knallbotz f. (m.), Knüüles m., Lötschendötsch m., Mondjeck m., Verdötschte m.

charakterlose Person avgeleckte Herringsstätz m.

dicke Person Böll m., Bölles m., Deck m., n.(f.), deck Gemangbrud n. (f.), Decksack m., Drammes m. (f. m.), Fettspektakel n. (f. m.), Fressalles m. (f. m.), Fressklötsch m. (f. m.), Klötsch m., Matschann n. (f.), mobbelige Pampes m., Pöll f., Putschblos f. (f. m.)

dünne Person Bunnestang f. (f. m.), fettgemaht Stochieser n. (f. m.), Gelz f., Hungerhoke m. (f. m.), Knochegerämsch n. (f. m.), Rebbegespens n. (f. m.), Rebbegestell n. (f. m.), Röger m., Schmal m., Schmalbedaach m., schmale Herring, m. (f. m.), schmale Meddag m. (f. m.), Spinx f., Stirks f., tapezeete Latz f. (f. m.), verdrüg Hahnehätz n. (f. m.), Verdrügte m., Zemmergeiß f.

Faulpelz	fuul Gedresse n. (m.), fuule Kis m., fuule Lansenein m., fuul Sau f. (m.), Fuulenzer m., Fuulhaufe m., Stiev m.
fehlsichtige Person	schääl Aug n. (f. m.), schääl Kiwitt f. (f. m.), schääl Panoptikum n. (f. m.), schääle Alfter f. (f. m.), Schäl m.
Frömmler	Hellige-Fott-Angenies f., Kommodehellige m., Pilarebützer m., Hellige-klemm-op-de-Lück m.
Geizhals	Ääzezäller m., karrige Sau f. (f. m.), Kniesbüggel m., Knieskopp m. (f. m.) , Kränzchesdrießer m., Mömmesfresser m.
gemeine Person	Avgebröhte m., Bies n. (f. m.), Brechmeddel n. (f. m.), Drecksack m., Filou n. (m.), Freese n. (f. m.), Saubies n. (f. m.), Saujung m., Saukääl m., Sauminsch n. (f. m.), Spetzbov m.
Gesindel	Gesocks n., Gezumpels n., Kradepack n.,
gezierte Person	Bretzelsgeiß, Krönzel f., schön Tant Nett f.
große Person	Bunnestang f. (f. m.), Kleiderschank m., Labbes m.
hässliche Person	Aapegeseech n. (f. m.), hässliche Zopp m., komisch Fazung n. (f. m.), Plackfisel m. (f. m.), Rievkochegeseech n. (f. m.), Sackgeseech n. (m.), Schabrack f., Schavuenaangeseech n. (m.), Üül f.
hautproblemanfällige Person	Plackfisel m., Rievkochegeseech n. (m.), Runzellis n. (f.), Sackgeseech n. (m.), Streukoche m.
Heuchler	Schmusbüggel m., söß Heu n. (m.)
hinterhältige Person	fiese Möpp m. (f. m.), krommen Hungk m., schäälen Hungk m., schläächte Grosche m. (f. m.)
Klatschmaul	Breimuul f., Flatschmuul f., Seivermuul f., Traatsch f.
kleine Person	Föttche-an-der-Ääd n. (f. m.), Kröbel m., Kruggstoppe m. (f. m.), Stöppche n., Stoppe m.
lahme Ente	Kruffhohn n. (f.)
mannstolle Frau	jöckig Radiesche n. (f.), rösig Radiesche n. (f.)

mürrische Person	Muffes m., Muuzepuckel m., Schnüsse-Tring n. (f.)
nachlässige Person	Dreckschwaad f. (f. m.), Fubbelsmatant f., Gesocks n. (pl.), Gezumpels n. (pl.), Halvgehang n. (f. m.), Hangdier n. (f. m.), Klätschkopp m., Krad f. (f. m.), Klunt f., Puddel m. (f.), puddelig Möwche n. (f.), puddelige Wohlfahtsdam f., Schabrack f., Schlunz f., Schudderhot m., Zubbel f.
Rüpel	Hanak m., Krad f. (m.)
Saufbold	Kuletschhot m., Senk f. (m.), Suffkrad f. (m.), Suffpatronn m., Suffüül f (f. m.), versoffe Bölzche n. (f. m.), versoffe Loch n. (f. m.), voll Woch f. (f. m.), Vollüül f. (f. m.)
Schlampe	Flitschche n. (f.), läufig Lische n. (f.), Puddel m. (f.), Rüffche n. (f.)
schmutzige Person	dreckelig Möwche n. (f.), Dreckfirke n. (m.), Dreckhammel m., Drecklavumm f., Dreckschwaad f. (f. m.), Firke n. (f. m.), Knüsel f., Muttengel m. (f. m.)
Schürzenjäger	Föttchesföhler m., Schmecklecker m.
Schwätzer	Quatschkopp m., Schwaadlappe m., Schwaadschnüss f. (f. m.), Seiverlappe m., Seiverschnüss f. (f. m.)
Tölpel	Dölmes m., Döppe n. (f. m.), Dusel m., Duseldier n. (f. m.), Schusel m., Tronskann f. (f. m.), Tröt f. (f. m.)
unspezifisch zu gebrauchen	ärmen Höösch m., Jeck m. (f. m.), Jeck em Rähn m. (f. m.), jeck Schoss/Schössche n. (f), kadeneisig Gedresse n (f. m.), Prilent f., schön geblömb Aaschloch n. (f. m.), schön Pannääpel f. (m.), schön Tant Nett f., Schudderhot m., Mondjeck m. (f. m.), Tütenüggel m.
verweichlichte Person	Gummibrüdche n. (m.), opgeweich Brüdche n. (m.)
wehleidige Person	Gööz f., Jöömergeiß f., Jöömerlis f., Knaatsch f., Kröötsch f., Küümbretzel m. (f. m.),
zänkische Person	Fäg f., Krabitz f., Schruuv f.

Textbausteine

aber	ävver
abschließend	am Eng vum Maat, schleeßlich
als ich/er/sie ...	wie ich/hä/et ...
andererseits	op der ander Sigg
anschließend	donoh
auf einmal	op eimol, op eins
außerdem	usserdäm
bevor	ih dat
da	do
damit	domet
daraufhin	dodrop, drop
Das ist noch unsicher.	Do häs de ävver noch kei Breefche vur.
dass	dat
Der kam mir gerade richtig!	Dä kom mer staats!
deshalb	deswäge
Donnerwetter!	Do bes jeck! Donnerletsch! Jeck verzäll! Leck mich en der Täsch!
einerseits	op der ein Sigg
eines Tages	eines Dags
einige	e paar
endlich	endlich
er pflegte zu ...	Hä dät luuter .../hä hatt et esu an der Gewende ...
es scheint (so), dass ...	et schingk (esu), dat ...
es war ...	et wor ...
früher	fröher
hiermit	heemet
ich nehme an, ...	ich nemme aan, ...
im Gegenteil	em Gägedeil
im Nu	em Rubbedidupp, em Rüppche
in der Zwischenzeit	en der Zweschezigg

inzwischen	enzwesche
Ich war völlig erstaunt.	Ich kunnt nix mih sage./Do kunnt ich ävver kaum noch./Jo, gläuvs de't!
mittlerweile	enzwesche, meddlerwiel
nachher	nohher
nachts	naachs
nebenbei	nevvebei
nun	no
ob	ov
obwohl (er)	wann/wenn (hä) och, ovschüns (hä)
plötzlich	plötzlich, wat-giss-de-wat-häs-de, op eins
scheinbar	schings
sonst	söns
später	späder
tagsüber	dagsüvver
unter anderem	unger anderem
unterwegs	mem Radd erus, op Jöck, ungerwägs/ ungerwähs
übrigens	üvvrigens
von wegen!	Am Aasch e Trötche!/Dress am Schoh! Ge backe Prumme!/Un e Ei!
vorher	vürher
Was du nicht sagst!	Jeck verzäll!/Do bes jeck!
weil	weil
wie sollte es anders sein	wie sollt et anders sin
zuerst	eesch, zoeesch

Verben, bemerkenswerte

ablösen	avpiddele
abknibbeln	avpiddele
abnagen	avknäuele
ängstlich sein	en Aap drieße, en Aap krige, Hasehoore krige
anordnen	stivvele
anstellen (sich)	Männcher maache
aufessen	Zaldat maache
aufpassen	de Auge de Koss gevve
bersten	baschte
beschmutzen	bekläbbele, beknase, beschmuddele
drücken	däue, paasche
eine runtergehauen bekommen	eine getitsch, gezopp krige
entgleiten lassen	flutsche looße
fehlerhaft arbeiten	bruddele, huddele, murkse
flattern	flaastere
gähnen	gappe
hastig sprechen	iggele
herumarbeiten	fisternölle, frickele, frößele, knespele, knibbele, knuuve, piddele, pröttele
kränkeln	kröötsche, gööze
lange krank sein	an jet laboriere
langsam essen	mimmele, mümmele, nibbele
liebkosen	karesseere, päädsköttele
lutschen	löbbele, (lötsche)
mengen	mölsche
misshandeln	kujoniere
nützen	baate
schaben	schrabbe
schieben	däue
schürfen	nünne
schlummern	dückele, nöre/nüre, nügge, nünne, schlöfele
schmatzen	knatsche

schminken	sich (op)kladunjele, sich krönzele
schmollen	e Pännche trecke
schnaufen	schnuuve
schnäuzen	schnuuve
schnell arbeiten	et jöcke
schnuppern	schnuuve
sehr krank sein	schwer do lige
spritzen	jitsche
stehlen	botze, kläue, stelle, stritze
sterben	avkratze, baschte, de Döpp zodun/zomaache, de Fott zodun/zomaache, et letzte Nürche halde, himmele
stapeln	premme, stivvele
stauen	premme
streicheln	krabbele, kräuele
tot sein	ripsch sin, sich de Radiescher vun unge beluure
tunken	zoppe
übergeben (sich)	göbbele, kötzele (bei Kleinkindern)
übervorteilen	bedrieße, betuppe
unangenehme Geräusche erzeugen	gratsche
verhauen (sich)	verkamesöle, zerschwaade
verlegen sein um	benäut sin öm
verpfuschen	verfumfeie
verschandeln	verschängeliere
viel trinken	pötte
viel um die Ohren haben	jet an de Gäng han
weinen	bauze, knaatsche, kriesche
Widerstand leisten	Pohl halde
wild spielen	rölze
zupfen	zubbele
zwinkern	kniepe

Literaturverzeichnis

Bhatt, Christa, 2002. Kölsche Schreibregeln. Vorschläge für eine Rechtschreibung des Kölschen. Köln: J. P. Bachem.

Bhatt, Christa und Alice Herrwegen, 2009[3], 2005. Das Kölsche Wörterbuch. Kölsche Wörter von A - Z. Köln: J. P. Bachem.

Bhatt, Christa, Alice Herrwegen und Caroline Reher, 2017: Op Kölsch gesaht. Eine Dokumentation der kölschen Sprache im Alltag. Köln: Dabbelju.

Herrwegen, Alice, 20172, 2002.De kölsche Sproch. Grammatik der kölschen Sprache auf Kölsch und auf Deutsch. 2. überarbeitete Auflage. Köln: J. P. Bachem.

Hönig, Fritz, 1905. Wörterbuch der Kölner Mundart. Neudruck 1952. Köln: J. P. Bachem.

Schneider-Clauß, Wilhelm, 1949. Alaaf Kölle. En Schelderei us großer Zick. Essen: Dr. Wilhelm Spael Verlag.

Wrede, Adam, 1956/58; 2010[13]. Neuer Kölnischer Sprachschatz. Köln: Greven.